我们一起解决问题

老秘书工作笔记

工作笔记

张小文 著

人民邮电出版社

北　京

图书在版编目（CIP）数据

老秘书工作笔记 / 张小文著. -- 北京 ： 人民邮电
出版社，2022.1
ISBN 978-7-115-57560-9

Ⅰ. ①老… Ⅱ. ①张… Ⅲ. ①秘书—工作 Ⅳ.
①C931.46

中国版本图书馆CIP数据核字(2021)第201501号

内 容 提 要

很多希望从事秘书工作或刚踏上秘书工作岗位的人都有这样的疑问：秘书要做哪些工作？如何才能高效地做好这些工作？秘书工作的价值体现在哪些地方？秘书职业的发展前景如何？《老秘书工作笔记》作者以过来人的身份，基于丰富的秘书培训经验，系统地回答了这些问题。

本书分为四篇共计16章，第一篇介绍了秘书应知应会及如何获得领导的信任；第二篇介绍了秘书如何管理各类信息，如何做好财物管理，应该掌握的商务礼仪，如何做好商务接待，如何组织各类会议，如何起草各类商务公文等；第三篇介绍了秘书如何进行向上管理，如何做好文件流转，如何让各部门配合自己的工作，如何为领导安排差旅行程，如何为领导安排日程，如何策划各类活动等；第四篇介绍了秘书全面提升工作效率的思路和工具。另外，第二篇和第三篇各章末尾提供了案例分析和常用清单及模板，这些内容可以帮助读者提升实战能力，掌握实用工具，提高工作效率。

本书适合在各类组织尤其是企业中从事秘书工作的人员阅读，也可以作为秘书培训机构及中等专业学校、高等院校相关专业的参考用书。

◆ 著　　张小文
责任编辑　陈　宏
责任印制　胡　南

◆ 人民邮电出版社出版发行　　北京市丰台区成寿寺路 11 号
邮编 100164　电子邮件 315@ptpress.com.cn
网址 https://www.ptpress.com.cn
大厂回族自治县聚鑫印刷有限责任公司印刷

◆ 开本：720×960　1/16
印张：17.5　　　　　　　　　　2022 年 1 月第 1 版
字数：250 千字　　　　　　　　2022 年 1 月河北第 1 次印刷

定　价：79.80 元
读者服务热线：（010）81055656　印装质量热线：（010）81055316
反盗版热线：（010）81055315
广告经营许可证：京东市监广登字 20170147 号

在这个时代，职业种类繁多，在相同的岗位上，各人的职业素养参差不齐。很多人因为不同的原因成为一名秘书或助理。于我而言，值得庆幸的是，初入此行就认识了小文，让我对秘书这个职业有了深入的了解。

从课程到群互动，从课内分享到私下交流，她和她的课程、她的书，都展现了一种稳稳当当的态度：严谨有序，保持清醒。

多么珍贵！

从品牌运营到人力资源再到总助，我在职业生涯中的种种经历，在这本书中得到了有效的梳理，这本书是名副其实的"宝典"。小文将自己在职业生涯中的收获倾囊相授——清晰系统的框架，抽丝剥茧的梳理，由表及里的讲解。专业，简练，应有尽有，不卑不亢。

小文的行文风格正是秘书这个职业赋予她的——智慧、专业度、价值感。跟随着由浅到深、由低到高的知学过程，我们不会走弯路；并且，你会随着她的书升级，不断领悟到秘书这个职业的重要性与荣誉感。我深刻地意识到，于我而言，总助其实就是"总是对别人有帮助的自助者"。

上善若水。

秘书需要具备哪些技能？如何与同事、领导相处？这本书面面俱到地梳理了秘书应该具备的软实力和硬实力，科学客观地呈现了专业的深度和广度，把复杂的简单化，把简单的高级化，让我们在解决工作甚至生活中的一些问题时都可以触类旁通地"有法可依"。

我认为，这个"法"，就是心法：目标明确，收放自如，"用舍由时，行藏在我"。

工作是最好的修行，而秘书这个岗位是最好的修行地。我们看到小文老师不断地进步，也就明白在这条道路上，选好方向与标杆是多么重要。当下，便是最好的启程时刻。

东东网络集团总经理助理　宋筝
于 2021 年 9 月

小文老师终于出书了！

非常感谢小文老师的信任，她邀请我为本书作序，但我是头一次写序，不知道应该怎么写，只好讲讲自己的故事，给大家做个参考。

大概一年前，我参加了小文老师的就业班。上完就业班，我觉得不够，又买了初级班和中级班的课程。买完我就后悔了，怎么没早点儿买？看完第一节课，我就被吸引住了，老师全程没有一句废话，而且经常引经据典。在老师口中，秘书的工作暗藏玄机、跌宕起伏、风起云涌，我听课听得都没时间去上洗手间。小文老师的课听一遍是不够的，需要回味、揣摩，花时间去消化。

我记得我刚找工作的时候，某公司的总经理在电话面试中问我："你是怎么组织会议的？"我娓娓道来，组织会议分为前、中、后三个阶段，会议前要怎样，会议中要怎样。对方问："会后呢，要跟踪落实吗？"我连忙补充："对，要跟踪会上讨论的任务并落实。"于是，我有幸得到了第一次面试机会。在正式面试的过程中，这位总经理问了好多早有准备的问题，我心中暗暗感谢就业班。面试结束后，该公司的人力资源总监说他们总经理夸我思路清晰，我在心里再一次感谢了小文老师。

预测面试题可以靠经验，但说到如何把问题回答到领导的心坎里，就要看功力了。

我认为，作为秘书，必须要有很多年的工作经验，才能有真正的积累，书上学来的东西总觉得差那么点儿意思。我没想到的是，听了小文老师的课，完全可以在最短的时间内学到她从业多年的经验。那时候，光是听小文老师讲课，就对这份工作产生了向往。在秘书这条路上，小文老师是我的第一位榜样！

后来，我真的成了秘书，小文老师讲的所有的场景都在真实的工作中发生过。

我的第一份工作是初创企业的总经理秘书。当时，该公司的业务处于扩张期，领导每天恨不得每天工作 48 个小时，根本没时间教我。我做很多事情的思路都是工作前小文老师反复叮嘱过的。例如，活动组织工作分为活动前、活动中和活动后三个阶段，最重要的永远是活动前的准备阶段。再如，工作时要处处留心，从领导给的发票中发现领导的用餐习惯、住酒店的习惯。再如，老板布置任务时经常只有一句话，这时候一定要反问领导这件事情的优先级、希望达到什么目的、希望什么时候完成。

最值得一提的就是小文老师随手拈来的情景。在如何管理领导的预期及如何安排自己的时间这两个方面，小文老师举了无数个实战案例。我最喜欢这些案例，它们让我产生了一种应对自如的感觉，应对自如就会让人有一种运筹帷幄、掌控全场的感觉。

关于秘书工作的书，我也看过几本，可是这一本最深刻、最贴近实际情况。秘书的工作就是由一个个场景构成的。我认为，这本书叫"秘书参考答案"都不为过！小文老师不仅提供了答案，还"赠送"了立场和原则。

我认为，这本书的价值不仅体现在为秘书提供了很多参考答案，更体现在书中一次又一次强调的工作精神上，也就是说做秘书的人应该以什么样的态度面对这份工作。

我自己的领导常说，创业是一场修行。我认为，做秘书也是一场修行。秘书常常身处权力中心、舆论旋涡、问题集中营，看各路人马露出马脚，看人前人后英雄真面目，种种体会不可谓不深刻。感概之余，时时自省，唯恐忘记自己来时的路，以及当初在无数个没有着落的黑夜里，在被窝里许下的初心。

虽然我从来没见过小文老师，但是每次遇到无法解答的问题时，第一个想到的就是她。有她在，我就很安心，我的问题就都不是问题，都能得到很好的解答。

与小文老师和"总助能量站"相识，除了感恩就是荣幸，祝大家都成为自己渴望成为的样子，也期待小文老师的第二本、第三本书！

锚云（上海）物联网科技有限公司总经理秘书　常可

于 2021 年 10 月

序三

之前，我偶然发现了小文老师创办的公众号"总助能量站"并学习了她制作的秘书课程。在学习的过程中，我不禁感慨，真是相见恨晚。

我对秘书工作的兴趣始于空乘退役后的职业探索期。这两种工作有不少相通之处，涉及的一些能力是可迁移的，所以我能够利用以往的一些工作经验和软技能。当然，两者之间也存在差异，我需要补充学习一些内容，小文老师的这本书正好可以让我快速了解该职业的全貌。

本书的知识体系是模块化的，分为初级、中级、高级三个部分，内容涉及秘书工作的方方面面。我认为，只要把这些内容学透，就可以应对80%的日常工作。

当我第一次接触到这个知识体系的时候，我很惊喜能有前辈把秘书工作如此琐碎的内容以非常体系化、理论化、模块化的形式展现出来，并且附上了自己十余年的工作经验和心得。小文老师上大学时读的是工科，也许这就是她能把秘书这份文科生更愿意选择的工作分析得如此透彻的原因吧。

在学习小文老师的课程时，我发现她时不时就会说出一些金句，这些金句想必都是多年工作经验的厚积薄发。我认真地做笔记，像抓住救命稻草一样汲取知识。现在，捧着这本书的你可以直接把现成的"秘籍"带回去学习钻研啦!

在学习的过程中,我看到有些知识点正是我面试某知名上市公司时人力资源总监出的题目,学完之后那种醍醐灌顶的感觉与面试时不知从何回答的窘态形成了巨大的反差。在我学习了更多的知识之后,当我再去知名互联网企业笔试时,就变得游刃有余了,因为很多工作的要点和底层逻辑是相通的!有一次,我从某知名企业 HRBP 的反馈中侧面得知,他们对我的笔试表现评价很高。后来,我的面试表现有了相当大的起色,这给了我很大的底气。

随着学习的深入,我看到了秘书这份工作对候选人的要求是非常全面的。能胜任大公司高层管理者秘书岗位的人综合素质都很强,绝不是简单的文员角色。这也让我对这份工作所带来的挑战和发展空间充满了期待。我要求自己以大公司高层管理者秘书为目标来武装自己,不断学习,增强自己的竞争力。

我欣喜地看到,小文老师在秘书培训领域付出的努力和取得的成果也得到了业界的肯定。在这个收获的季节,小文老师已经开启了在中国人民大学 MBA 的学习生涯。我期待着她把自己在知名学府学到的商业知识融入以后的秘书培训中,指导这个岗位的候选人以更高的高度和更宽广的视野去思考工作。相信这本书只是一个开始。

中信集团 VIP 专员　肖安琪

2021 年 9 月于北京

秘书是大家经常提及、接触但往往难以说清楚的职业。认可这个职业的人会说这是一份"近水楼台先得月"的工作，可以获得不少的优势；不了解这个职业甚至对这个职业有偏见的人会说，秘书只不过是花瓶，平时打打杂，处理一下办公室工作，这份工作谁都能干。

我创作这本《老秘书工作笔记》，就是想通过一种系统、有条理的方式，全面地介绍一下秘书这个职业，告诉大家秘书是什么、需要做什么、怎样才能做好秘书。本书分为四篇，第一篇是秘书工作入门，第二篇是秘书工作初级，第三篇是秘书工作进阶，第四篇是秘书工作效率提升。

第一篇介绍了秘书应知应会及如何获得领导的认可。秘书应知应会是对秘书工作的总括式介绍，内容包括秘书工作的重要性、秘书的工作职责是什么、秘书与助理的区别、做秘书有哪些优劣势及秘书可以走多远。

第二篇和第三篇比较全面地介绍了秘书工作的各个模块。秘书工作范围广、跨度大、有深度、有高度，涉及很多繁杂和琐碎的事项。做秘书的人，要做到从信息管理、财物管理到商务礼仪、商务接待、会议组织、公文写作，无一不知、无一不晓。秘书要和领导的思想保持一致，尝试从领导的视角分析、判断问题，学会向上管理；要做好跨部门沟通、文件流转，保证领导的指令和意志得以贯彻落实；还要安排好领导的差旅行程、日程，甚至负责公司各类活动的策划工作。

第二篇主要介绍了秘书的初级工作。刚入行的秘书往往要负责很多行政事务和执行工作。在这个阶段，能够很好地完成"办文、办会、办事"，就算得上一名合格的秘书了。随着经验和阅历的增加，秘书的工作范围开始扩展，工作难度开始提高。这时，秘书就要学会领导的"独家语言"，听懂领导话语背后的意思，还要学会如何与各部门负责人沟通，获得他们的认可。

第三篇主要介绍了秘书的进阶工作。到了进阶阶段，秘书的工作就不再是给领导安排一下出差、订个机票、订个酒店这么简单了，而是要保证不管领导在与不在，公司都不会受到重大影响。不管是信息的接收与传达，还是各项工作的安排和执行，都能一如平常。"一如平常"看似简单，实则最难。给领导安排日程这项工作也不再是简单地给各项工作排个顺序，而是要精准地把握领导做事的优先级，知道哪些事在领导眼中具有战略重要性。在这个基础上，秘书还要清楚完成各项工作大概需要花多长时间，预留多长时间比较合适；知道哪些工作适合上午做、哪些工作应该放到下午，两项工作之间应该安排多长的休息时间，哪些工作可以连起来完成。这时，日程安排就从简单的工作排序变成了分配领导的精力。当然，其他方面的工作的复杂性和难度也都相应地提高了。

第四篇介绍了秘书全面提升工作效率的思路和工具。秘书工作千头万绪，优秀的秘书就像千手观音一样，处理起工作来干净利落，透出一种专业的美。本篇先介绍了提升工作效率的思路，帮助大家根本上掌握高效做事的秘诀；然后介绍了各种常用的办公工具，这些工具可以帮助大家极大地提高工作效率，实现事半功倍。

如果把学习做秘书比作学习一门武功的话，本书第一篇就相当于入门应知，第二篇和第三篇就相当于武功秘籍里的招式和套路，第四篇就相当于内功心法和武器使用说明。第二篇和第三篇每章末尾都有案例分析和常用清单及模板，这些案例可以帮助大家基于实际工作场景理解相关章节介绍的知识，这些清单和模板可以拿来即用，帮助大家省时省力地完成相关工作。

为了帮助大家更深入地了解秘书工作，我们还专门为本书录制了配套的视频课程。我衷心地希望这本书能够帮助大家全面地认识秘书这个职业，从秘书新手成长为老秘书，迈向更加成功的职业生涯。

张小文

2021 年 10 月于北京

目录

01 第一篇
秘书工作入门 /1

第1章 秘书应知应会：做秘书之前应该知道这些事 / 2

　　1. 秘书工作的重要性 / 2

　　2. 秘书的工作职责是什么 / 3

　　3. 秘书与助理的区别 / 6

　　4. 做秘书有哪些优劣势 / 8

　　5. 秘书可以走多远 / 9

第2章 超出期待一点点：快速获得领导的认可 / 11

　　1. 领导对你的认可有多重要 / 11

　　2. 如何快速获得领导的认可 / 13

02 第二篇
秘书工作初级 /19

第3章 未来藏在你的表达里：信息管理 / 20

　　1. 各类信息勤收集 / 21

2. 接打电话有讲究 / 24

3. 微信、QQ 别乱用 / 26

4. 收发邮件有规矩 / 29

5. 信息处理按套路 / 34

→ **案例分析** / 35

▤ 常用清单及模板 / 37

第 4 章 把公司当成自己的：财物管理 / 38

1. 财务不能出岔子 / 38

2. 各类资产怎么管 / 42

→ **案例分析** / 45

▤ 常用清单及模板 / 47

第 5 章 礼多人不怪：商务礼仪 / 48

1. 会面礼仪 / 49

2. 接待礼仪 / 51

3. 行走礼仪 / 53

4. 乘车礼仪 / 54

5. 就餐礼仪 / 55

6. 涉外礼仪 / 61

→ **案例分析** / 62

▤ 常用清单及模板 / 64

第 6 章 大人物更在意小细节：商务接待 / 65

1. 接待前 / 66

2. 接待中 / 73

3. 接待后 / 75

➜ **案例分析** / 75

常用清单及模板 / 77

第 7 章　不开无用的会：会议组织 / 78

1. 九种低效会议 / 79

2. 四种会议分类方式 / 80

3. 如何组织一场高效会议 / 81

➜ **案例分析** / 89

常用清单及模板 / 91

第 8 章　内容胜过文采：公文写作 / 93

1. 关于公文，你需要知道这五点 / 94

2. 如何快速完成一篇商务公文 / 104

3. 商务公文写作注意事项 / 106

➜ **案例分析** / 107

常用清单及模板 / 109

03 **第三篇**
秘书工作进阶 / 111

第 9 章　让领导为你提供助力：向上管理 / 112

1. 为什么要向上管理 / 113

2. 向上管什么 / 114

3. 怎么做向上管理 / 122

➜ **案例分析** / 125

常用清单及模板 / 126

第 10 章　收齐领导要的东西：文件流转　/ 128

1. 收文 / 129

2. 发文 / 136

3. 五重境界 / 137

➜ 案例分析　/ 138

案例 常用清单及模板　/ 140

第 11 章　让高管配合你的工作：部门沟通　/ 141

1. 上传下达 / 143

2. 协同工作 / 144

3. 冲突管理 / 150

➜ 案例分析　/ 152

案例 常用清单及模板　/ 155

第 12 章　高效管理领导的差旅：差旅安排　/ 156

1. 领导国内单独出差 / 157

2. 陪同领导国内出差 / 169

3. 领导国外出差 / 172

➜ 案例分析　/ 173

案例 常用清单及模板　/ 175

第 13 章　高效管理领导的时间：日程管理　/ 176

1. "领导端口"接收的工作 / 179

2. "秘书端口"接收的工作 / 187

➜ 案例分析　/ 190

案例 常用清单及模板　/ 192

第 14 章　用表格轻松搞定项目管理：活动策划　/ 193

1. 启动阶段　/ 194

2. 计划阶段　/ 199

3. 执行阶段　/ 214

4. 监控阶段　/ 215

5. 收尾阶段　/ 215

➜ **案例分析**　/ 216

📋 常用清单及模板　/ 218

04 第四篇
秘书工作效率提升　/ 219

第 15 章　成为"千手观音"一样的秘书：思路　/ 220

1. 想在前面　/ 221

2. 善假于物　/ 222

3. 善假于人　/ 238

第 16 章　成为"千手观音"一样的秘书：工具　/ 239

1. 办公软件　/ 240

2. 转换工具　/ 246

3. 压缩工具　/ 251

4. 笔记工具　/ 253

5. 协同工具　/ 254

6. 检索工具　/ 258

第一篇

秘书工作入门

01

第 1 章

秘书应知应会：做秘书之前应该知道这些事

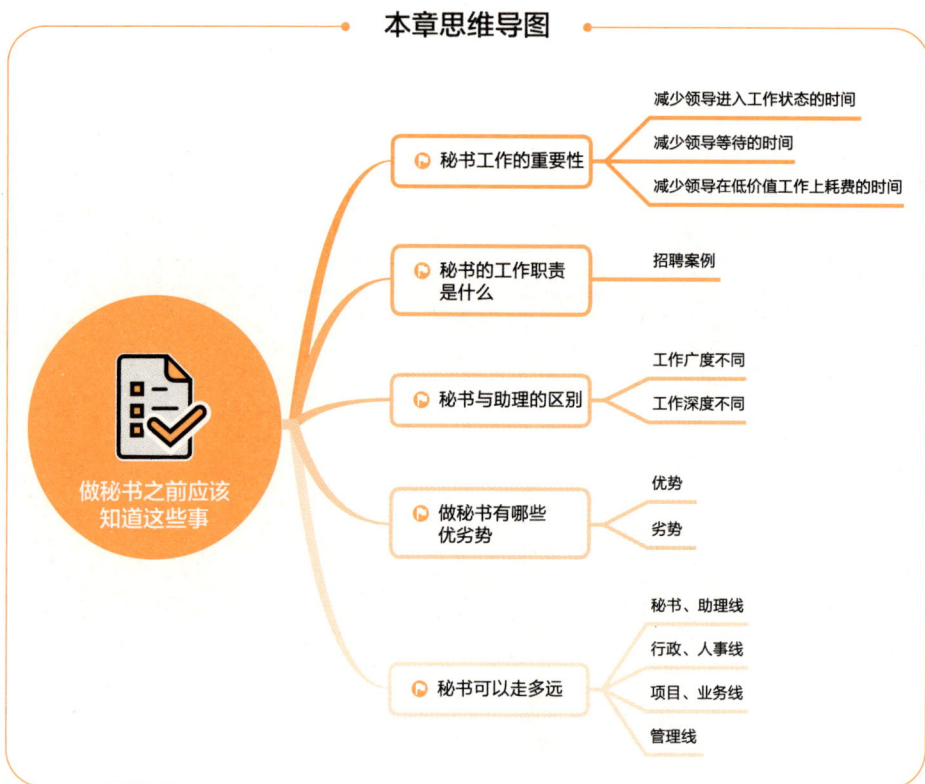

本章思维导图

减少领导进入工作状态的时间

减少领导等待的时间

秘书工作的重要性
减少领导在低价值工作上耗费的时间

秘书的工作职责
是什么
招聘案例

工作广度不同

做秘书之前应该
知道这些事
秘书与助理的区别
工作深度不同

优势

做秘书有哪些
优劣势
劣势

秘书、助理线

行政、人事线

秘书可以走多远
项目、业务线

管理线

1. 秘书工作的重要性

　　秘书是很常见的岗位，不论什么类型的企业，通常都会给中高层管理者配备秘书或助理，或者二者兼有。管理者的主要职责是管理企业或统领部门工作，给他们配备秘书或助理是为了把他们从琐碎、繁杂的事务性工作中解放出来，让他们把全部的时间和精力投入到企业管理、人才培养和战略决策上。

一名能干的秘书，其工作的最大价值在于帮助领导节省最宝贵的不可再生资源——时间。秘书工作价值的高低取决于为领导节省了多少时间。例如，如果秘书提前把需要审批的文件分门别类整理好，领导早上来到办公室后就不用等待，可以立刻进行文件审批；如果秘书已经在需要签字的地方贴好便签，领导看完文件就可以在相应的提示处直接签字，不需要再逐一翻页检查有无漏签之处；如果秘书在领导出差前提前安排好酒店和出差期间的就餐地点，领导就不用自己花时间订酒店和餐厅了。

优秀的秘书知道领导工作的优先级，能分辨事情的轻重缓急，能减少领导进入工作状态的时间、减少领导等待的时间、减少领导在低价值工作上耗费的时间。

2. 秘书的工作职责是什么

虽然不同类型的企业对秘书的要求有一些不同之处，但总的来说，秘书工作都包含办文、办事、办会这几项工作。我们先一起看几家企业在招聘秘书时列出的要求。

×× 集团招聘工作秘书

职位描述：

1. 负责集团领导全部工作日程（会议、接待、差旅等）的计划、对接和执行。——办会、办事（会务管理、商务接待、差旅安排）

2. 负责与公司领导相关的对外联络和接待工作。——办事（外部关系、商务接待）

3. 负责与公司领导差旅有关的后勤保障，做好差旅随行服务。——办事（差旅安排）

×× 汽车招聘总经理秘书

职位描述：

1. 协助总经理与公司内外部的沟通。——办事（外部关系、部门沟通）

2. 负责总经理的行程安排、接待安排和会议安排（会议纪要）。——办事、办会（行程安排、商务接待、会务管理）

3. 协助总经理组织会议，起草会议纪要，经总经理审阅后下发，督促会议决策落实。——办会、办文（会务管理、商务公文）

4. 负责总经理信箱和员工投诉受理工作，并负责对公司管理人员的内部监督。——办事（信息管理）

5. 执行直接上级交办的其他临时任务。

×× 招聘总经理秘书

职位描述：

1. 负责总经理的工作日程及日常事务的时间安排、提醒，负责预定总经理出差的机票，安排用餐、用车，随同总经理出差。——办事（行程安排、差旅安排）

2. 根据总经理要求，筹备总经理办公会，做好会前准备、会议通知拟定、上会材料的收集或起草、会议记录及会议纪要的整理等会务工作。——办会、办文（会务管理、商务公文）

3. 协助组织撰写总经理文书；负责校对呈总经理审批的重要文字资

料。——办文（商务公文）

4. 根据公司安排，协助完成总经理重要宾客的接待工作，包括宾客的接送、用餐、出游等各种事项的安排及陪同。——办事（商务接待、外部关系）

5. 完成总经理或总经办安排的其他工作任务。

×× 招聘高管秘书

职位描述：

1. 合理安排、提醒高管日常行程。——办事（行程安排）

2. 撰写信函、报告、会议纪要等各类综合性文件，对相关信息进行收集、汇总和分析。——办文（商务公文）

3. 做好与高管下属各部门及公司内其他部门之间的信息沟通，及时下达各项指令。——办事（部门沟通、文件流转）

4. 妥善接待来访的重要宾客，做好高管外出事务保障，协助高管维护各类外部关系。——办事（商务接待、外部关系）

5. 督办、协调及落实高管交办的其他任务。——办事（上传下达）

6. 协助总裁办完成其他相关任务，如集团层面会议筹备等。——办会（会务管理）

×× 电子招聘高管秘书

职位描述：

1. 为常务提供专业、高效的文秘支持工作，负责日程、会议、文案等工作的安排、沟通及协调。——办事、办会、办文（日程安排、会务管理、商务公文）

2. 传达常务各项指示安排，组织部门间合作，跟进重点项目执行情

况。——办事（部门沟通、上传下达）

3. 完成常务交办的其他任务。

以上是几个比较典型的例子。我们可以发现，秘书工作的核心是办文、办会、办事。要想成为一名合格的秘书，不仅要具备较强的做事能力，还要掌握高效的办公工具，知礼仪、懂分寸，能把大事办好，能把小事做细。

3. 秘书与助理的区别

除了秘书，另外一类经常出现在领导身边的人就是助理。秘书与助理之间是什么关系呢？二者有什么区别呢？

有人说："昨日秘书，今日助理。"这句话的意思是，秘书非常有希望成长为层次更高的助理。当秘书的工作内容逐渐向管理方向靠拢，开始参与公司发展规划制定、监督、决策及人事等方面的工作时，就已经在向助理过渡了。换句话说，秘书是辅助型岗位，只负责干活儿；助理则是领导的左膀右臂，还要出谋划策。在普通员工看来，助理是一定范围内言出必遵的"准上级"，或者已经属于高管。

当然，有些公司会以助理的名义招聘秘书，而且很多小公司内部岗位之间的职责划分不清晰，所以不少公司根本不区分助理和秘书。因此，一个岗位到底是秘书还是助理，不仅要看它叫什么，还要看这个岗位在实际工作中发挥的作用及对应的薪资水平。

那么，助理具体需要做哪些工作呢？我们一起看看招聘要求就清楚了。

总经理助理岗位职责：

1. 协助总经理制订战略计划、年度经营计划及分解各阶段工作目标。——协助管理

2. 起草公司各阶段工作总结和其他正式文件。——商务公文

3. 协助总经理对公司运作及各职能部门进行管理，协调各部门关系，尤其是业务部门间的日常工作关系及事务处理，必要时可单独召集业务沟通会议或工作会议。——沟通协调、业务管理

4. 配合总经理处理外部公共关系（政府、重要客户等）。——对外关系

5. 跟踪公司经营目标达成情况，提供分析意见及改进建议。——业务管理

6. 在公司经营计划、销售策略、资本运作等方面向总经理提供相关解决方案。——协助管理

7. 撰写和跟进落实公司总经理会议、专题研讨会议等公司会议纪要。——会务管理

8. 协助总经理制定公司企业文化、企业战略发展规划，配合管理办开展企业文化工作。——文化建设

9. 完成总经理临时交办的其他任务。

与前面列出的秘书的工作职责对比，我们很容易发现，助理的工作在广度和深度上都有很大的延展。

从工作广度上来说，秘书只要办好事、办好会、办好文就是一名合格的秘书，但助理在管理、业务、文化建设、人才培养等方面都有不同程度的参与。

从工作深度上来说，即便负责同样的工作内容，秘书和助理参与的程

度也是不同的。例如，同样是做会务管理，秘书一般只需要做好会前准备，做好 PPT，准备好会议资料，调整好会议设备，做好会议记录。但是，对助理来说，会议发挥的是管理功能，会议是管理者部署、了解、检查、督促工作的重要手段。助理参会不是为了"凑人头"，助理应该在会前和领导沟通这次会议要达成什么目的、怎么开、分哪几个部分（议程），如何通过会议推动工作等。

4. 做秘书有哪些优劣势

有人说，秘书比其他岗位成长得更快，晋升得更快，因为近水楼台先得月。

不少秘书跟着领导住五星级酒店、打高尔夫、出国旅游等，提前享受了远超自身收入水平的生活。这当然也是秘书工作的优势之一，但这个岗位最有价值的地方还是它带给你的无限可能。

首先，秘书的绝大部分工作都需要与领导直接对接，秘书可以在日常工作中学习领导的思维模式、看待问题的角度、处理事情的方式，领导在这些方面显然优于普通员工。

其次，秘书还可以接触领导的朋友，他们一般也是各个领域的精英人士。除了向领导学习，秘书还可以向领导的朋友学习。

最后，秘书所有的努力，领导都看在眼里。而且，领导不会因为秘书努力工作而产生危机感，反而会为秘书提供更大的施展空间。在职场中，有很多人都是跟着领导从秘书岗位起步的。随着公司慢慢地做大做强，他们也逐渐从秘书转型为助理，再到某个部门当负责人，或者分管业务、项目，成为真正的管理者。

就像每一枚硬币都有正反面，做秘书也有一些劣势。

首先，秘书容易自我膨胀。秘书在领导的光环下工作，很容易觉得自己很厉害，误把别人对领导的尊重当成对自己的认可，错把平台当本事。

其次，秘书容易眼高手低。因为秘书总是站在山顶往下看，看不清远处的细节，也看不见高手的具体操作，所以常常会低估别人的工作能力及别人工作的难度。有些秘书常常说"这有什么难的啊"，可等到自己上手去做时，才发现事实与自己想象的差得不是一点半点。

最后，秘书的视野容易受限。秘书做的大多是辅助性工作，而且很多秘书都是阅历比较浅的年轻人，他们很少从全局的角度看待事情，所以经常看不到自己正在做的工作的价值。如果不能自己跳出来主动思考、主动观察，秘书就很容易被淹没在大量琐碎的事务中。

因此，做秘书，既要善用平台、多学多看，又要认真踏实、做精做细，既要脚踏实地，又要仰望星空。

5. 秘书可以走多远

秘书的上升空间真正验证了一句话："海阔凭鱼跃，天高任鸟飞。"只要你有能力，没有什么是不可能的。这是我最喜欢这个岗位的一点，也是我最受益的一点。凭借秘书岗位的优势，在前公司近 5 年的任职期间，我实现了 6 次调岗、多次调薪，从秘书一路转型为业务负责人，从院长的左膀右臂到负责学院的核心业务，最多时身兼三职，实现了收入的成倍增长。我说这些不是为了炫耀，而是想告诉正在做秘书或想做秘书的你，我不敢保证你一定能成功，但我可以负责任地告诉你：这条路我走过，能行！

这个岗位的好处还在于它不仅非常适合有事业心的人，也适合追求岁月静好的人。有事业心的人可以使劲儿往上走，走到你之前想都不敢想的位置；追求岁月静好的人可以按照自己的步调开展工作，毕竟大部分领导都喜欢用已经用熟的秘书。

如果继续往上走，你可以选择去分管项目、做业务、做管理，甚至跟随公司完成上市，未来成为董秘。如果想多保留一些个人时间、兼顾工作和家庭，你可以选择做行政总监、人事总监或办公室主任，这些工作都比较稳定。

总的来说，秘书这个岗位不会亏待每一个认真工作的人。

第 2 章

超出期待一点点：快速获得领导的认可

本章思维导图

快速获得领导的认可

- 原因
  - 重中之重
  - 非常必要
- 方法
  - 了解公司的情况
    - 了解什么
      - 公司性质
      - 公司发展史
      - 公司创始人
      - 公司规模
      - 经营模式
      - 组织架构
      - 各部门职责
    - 了解渠道
      - 公司内部资料
      - 公开资料
      - 公司对外宣传资料
      - 经手资料
  - 了解领导对秘书岗位的期待
    - 了解渠道
      - 招聘网站
      - 前任秘书
      - 领导本人
  - 了解领导对你的期待

1. 领导对你的认可有多重要

领导认可的意思是，领导对你做事放心，对你做人放心。对你做事放心，领导才会把重要工作交给你；对你做人放心，领导才会愿意长期地培养你。秘书工作是以领导为中心、以领导满意为原则的，如果领导始终对你的工作能力不认可，对你的工作态度不满意，或者对你这个人有偏见，那么你的工作实际上是非常难开展的。可以说，领导认可是秘书开展所有工作的基础，就像数字一样，如果没有前面的 1，那么后面有多少个 0 都没有意义。

获得领导的认可不仅很重要，而且很有必要。这是只要你想做秘书，不管愿不愿意，都必须去做的一件事。如果其他同事意识到领导对你不认可，那么你很可能会突然发现，原本进展很顺利的工作推进不下去了，其他人要么不执行，要么糊弄了事，要么消极配合。

因此，做秘书，第一紧要的事是获得领导对自己的认可。没有获得领导认可的秘书，就像无源之水、无本之木，事事难办，时时难过。

朋友小马在一家公司做总经理秘书，她跟我讲了这样一件事。有一次公司开会，领导公开提醒小马要把会议纪做好，说她上次把开发部说的一个专业术语写错了。这看起来是一个很小的错误，小马当时没在意。但是，后面遇到的一些事情让她慢慢觉得不太对劲儿。例如，小马发现业务部有亿个数据填错了，就好心提醒业务总监修改，没想到对方看着小马笑了一下就走了。还有一次，小马在跟进几件事情的执行情况时，发现人力资源总监压根没做。她很惊讶，赶紧去问具体情况，没想到对方说："你记错了，这项工作不是由我负责，而是由 ×× 负责。"小马赶紧检查，发现自己没记错，就立刻让对方再确认一下。对方确认之后，发现确实是自己弄错了，但让小马意外的是，对方竟然说："我以为是你又弄错了呢！"

不难发现，领导的一次公开批评给秘书小马的工作增添了很多意料之外的麻烦。如果领导经常公开表达对秘书的认可，就会给秘书工作带来很多便利。在有领导帮你"站台"的情况下推进工作，你会发现工作就像巧克力一样丝滑。

2. 如何快速获得领导的认可

不少秘书可能会有这样的体会：自己勤勤恳恳、兢兢业业，可是领导始终不满意，活儿没少干，但好像始终都没做到领导的心里去。领导不满意，前面提到的那些问题就会像海浪一样，后浪赶着前浪，一个接一个地向你拍过来。

既有诸事不顺的秘书，也有做事一马平川的秘书，比如某互联网巨头首席执行官的秘书林茜。林茜从 2005 年开始担任首席执行官的秘书，她虽然是工科出身，但情商极高。在十几年的时间里，首席执行官换了好几位，但她的身份始终没有变。为什么她能获得领导的青睐，成为职场常青树？在一次媒体采访中，林茜谈到首席执行官时说的话透露了根本："只需要一个眼神，我就知道他想做什么。一句话，他刚开始说，我就能明白。"这是真正能够与领导同频的秘书。这种秘书具备全局意识，能够深度思考，可以和领导同频共振，并且做事往往超出领导的预期。

做秘书不能只知道低头拉车，还要学抬头看路，看看劲儿应该往哪个方向使，有的放矢地开展工作。大部分人的智商、情商都差不多，很多人做不好事情不是因为能力不达标，而是因为对信息的重视程度不够。如果不知道某些重要的信息，就会做出错误的反应，做出错误的动作。因此，我一直认为：做秘书，最危险的事情就是什么都不知道。

当你刚进入一家公司的时候，你应该怎么做呢？

先别急着表现自己，先弄清楚两件事——公司情况和领导对你的期待。

公司情况包括公司性质、公司发展史、公司创始人、公司规模、经营模式、组织架构、各部门职责等。

（1）公司性质

不同性质的公司可能有完全不同的企业文化和工作风格。例如，有些人喜欢民营企业的工作氛围，他们觉得更自由。

（2）公司发展史

大部分人都是少时血气方刚，中年时沉稳谨慎。公司和人一样，也有自己的成长周期。在刚刚开始创业的时候，领导意气风发、锐意进取，只希望尽快站稳脚跟。在这个阶段，不少公司做事不太讲究章法和规则，一般倾向于短平快地做出结果。如果你现在任职的公司是这种初创企业，你就要把效率放到第一位。你的领导可能宁可要一个小时就能出来的略有瑕疵的方案，也不要耗费一个月才能完成的完美方案。在这种公司里面，速度往往比正确率更重要。

等公司慢慢做大做强之后，为了守住已经获得的胜利果实，公司的企业文化一般会发生巨大的变化。成功之后，犯错的成本太高，公司往往会建立各种规章制度、流程来规范员工的行为，尽量规避风险、减少错误。当公司墙上贴的标语从"效率至上"变成"一切都在细节之中"时，你就要调整工作风格了。

因此，每当别人问我在公司里面应该怎么做事时，我通常都会反问："你们公司是什么类型的公司？你了解你们公司的情况吗？"

做秘书要记住两句话："天底下没有新鲜事，到什么山上唱什么歌。"做事的思路和逻辑大体相同，但方法要常变常新。怎么做事不能以自己的喜好为准，而应该根据公司的情况及时调整。常变的是方法，不变的是目标。

（3）公司创始人

公司创始人的性格特点往往决定了公司的企业文化。有的公司以人为本，有的公司看重勤勉，有的公司偏爱沉稳的员工，有的公司更喜欢有创意、活跃的员工。企业文化在很大程度上是隐性的，主要是通过所有员工尤其是创始人的做事风格来体现的。

（4）公司规模

我们需要知道公司的体量，有多少家分公司，这些分公司在哪些国家、哪些城市，公司一共有多少名员工，每年的营业收入有多少，每年的净利润有多少，公司是靠什么赚钱的（是做平台的，还是自己生产产品的，或者是做服务的）。

（5）经营模式

你也要了解一下公司的经营模式，至于对业务的理解程度，当然是越深入越好。如果你不懂业务，就无法理解领导和其他高管讨论的内容，领导安排给你的任务也很可能听不懂、传达不到位，收上来的材料只能过一下手，最终沦为彻底的传话筒。这样的话，这份工作的价值就丧失殆尽了。秘书不懂业务，基本上很难获得升职加薪的机会。

（6）组织架构

公司的组织架构对秘书来说也很重要。你得知道公司的管理层有谁，分别是什么性格，工作方式和工作风格是什么样的。知己知彼，才能把工作做得更好。

（7）各部门职责

秘书必须知道每个部门负责的具体事务，这样在领导安排任务的时候，才能知道这些工作应该由谁干，需要的资源在哪些部门。优秀的秘书在领导安排任务的时候，脑子就开始转了：这个活儿应该怎么干？是财务部做一部分，然后市场部做另外一部分；还是设计部做第一部分，研发部做第二部分；或者是研发部做完了，然后给市场部？

优秀的秘书一边听领导安排，一边在脑子里分解任务，等领导安排完，就可以立刻向领导询问需要进一步确认的细节，迅速地拿到需要各部门提供的资源，这样做事情怎么可能不快呢？不过，这种工作方法的效果取决于秘书对公司整体情况、各部门情况、各部门负责人的了解程度，了解越深入，做事越高效。

这项能力可以通过刻意练习培养出来。等到你能够一边听领导安排、一边做记录并分出来一部分精力思考问题，就可以开始尝试了。每次都要注意自己设想的和最后得到的有哪些差异，慢慢形成"分解任务—寻找资源—正确反馈—调整方向"这样的思考闭环，坚持一段时间，你就能得出正确的处理思路。再过一段时间，你就会发现，工作的推进变得更顺畅了，成就感也更强了。

接下来的问题是，如何获得这些信息？

如果你是一名刚进入公司的小秘书，你可以从以下四个方面入手。

首先是公司内部资料。刚进公司的时候，一定要问有没有人和你交接工作，交接材料越丰富越好。

其次是公开资料。看看领导平时喜欢在朋友圈发什么、讲什么，喜欢看什么样的书等。

再次是公司的对外宣传资料，包括公司简介、团队介绍等。

最后是自己经手的资料。秘书会经手各种各样的材料，如部门数据、管理层汇报 PPT 等。秘书可以看到公司的很多重要资料，秘书的大局观、思维方式都可以通过查看整个公司的数据来培养。等你习惯了在思考问题的时候站在高处俯瞰公司，水平才算真正提上来了。刚开始的时候，你肯定看不懂很多材料，没关系，先把它们保存好，定期拿出来翻翻。你会发现常看常新，每次看的收获都不一样。

获得上面这些信息之后，你还要了解领导对秘书岗位的期待。

你要思考，领导为什么想要招聘一名秘书，领导对秘书有什么样的期待。就像没有完全相同的两片树叶，也没有工作内容完全相同的两名秘书。如果领导只是想招聘一名打杂的秘书，就不会对秘书有过高的期待，秘书也不会碰到难度较高的工作。

了解领导对秘书岗位的期待有三个重要的信息来源。

第一个是招聘网站。招聘信息一般都包含对秘书岗位的基本要求和期望。

第二个是前任秘书。在与前任秘书交接工作的时候，除了要资料，你还可以尝试深入地了解对方的情况，问问对方到底是离职了还是升职了，或者转岗了。前任秘书的去向对新秘书很有参考价值，愿意培养前任秘书的领导多半也愿意培养新秘书，让前任秘书打了几年杂的领导重视新秘书的可能性也不是特别高。

第三个是领导本人。秘书每做一件事，都要记得获得领导的反馈。你交上去的东西领导喜不喜欢，反应一般还是非常喜欢，这些都是一眼就能看出来的。同类型的事情不要一次就下结论，至少要有三次以上的经验，才能下一个大概的结论，因为异常、意外和偶然因素是难以彻底避免的。有时候，领导不是不喜欢你交的东西，可能是赶上别的事情了，心情不好，所以评价不高。

等时间长了，你和领导比较熟悉了，也形成一定的默契了，你和领导沟通的效率就会变得更高。当领导给你安排任务的时候，比如做 PPT，你可以直接问："您希望做成什么样子？您想要什么风格的？大概多少页？希望字多一点还是图多一点？"每个人都有自己的偏好，有的领导喜欢高端、大气、上档次的，有的领导喜欢动画多的，有的领导喜欢字多、图少、方便看的。这些都要经过确认才能知道，也是一定要确认的，不然努力干了好久可能全白干了。

秘书要做的事情太多太杂，怎么才能找到突破口呢？怎么才能让领导觉得"这个人干活儿真棒"呢？

刚开始的时候，别急着全面开花。胡子眉毛一把抓，最后可能什么都抓不到。胜利都是从单点突破开始的，然后复制经验，由点到线，再由线到面，最后才能取得全面胜利。从哪个点开始呢？很简单，从交给你的第一项任务开始。大面积撒网，小面积捕鱼，你要在把每件事情都做好的同时，筛选出来哪些才是领导更在意的点。

做事情时超出领导预期是很重要的。很多人以为，把事情做好的员工就是优秀的员工，其实很多领导并不是这样想的。从领导的角度来看，把工作做好只是对得起这份薪水，只不过是达到了期望值。

当你开始超出领导预期，不断地创造出附加价值，不时地让领导眼前一亮时，即便不能立刻升职加薪，也可以给自己争取更多的权限和机会，负责更多、更重要的工作。

第二篇

秘书工作初级

02

第 3 章

未来藏在你的表达里：信息管理

本章思维导图

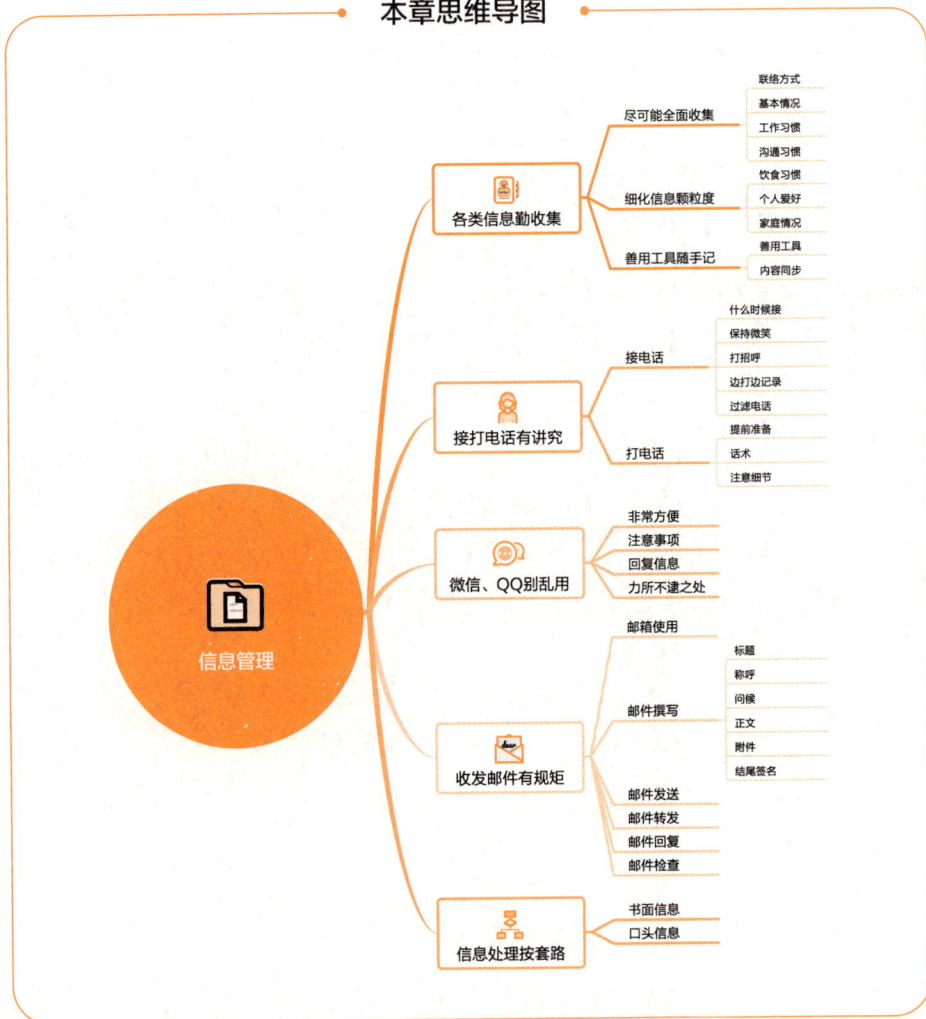

- 信息管理
  - 各类信息勤收集
    - 尽可能全面收集
    - 细化信息颗粒度
      - 联络方式
      - 基本情况
      - 工作习惯
      - 沟通习惯
      - 饮食习惯
      - 个人爱好
      - 家庭情况
    - 善用工具随手记
      - 善用工具
      - 内容同步
  - 接打电话有讲究
    - 接电话
      - 什么时候接
      - 保持微笑
      - 打招呼
      - 边打边记录
      - 过滤电话
    - 打电话
      - 提前准备
      - 话术
      - 注意细节
  - 微信、QQ别乱用
    - 非常方便
    - 注意事项
    - 回复信息
    - 力所不逮之处
  - 收发邮件有规矩
    - 邮箱使用
    - 邮件撰写
      - 标题
      - 称呼
      - 问候
      - 正文
      - 附件
      - 结尾签名
    - 邮件发送
    - 邮件转发
    - 邮件回复
    - 邮件检查
  - 信息处理按套路
    - 书面信息
    - 口头信息

1. 各类信息勤收集

进入新公司，秘书要做的第一件事就是了解公司的基本情况并拿到带有每个人所属部门和职务等信息的公司联络簿（见表 3-1）。

表 3-1　公司联络簿

序号	部门	职务	姓名	性别	手机号	分机号	微信号	QQ 号	邮箱	备注
1	总经办	总经理助理	张小文	女	15010535008	8502	15010535008	123456789	zztexunying2@163.com	
2										
3										
4										
5										

借助公司联络簿，秘书可以快速了解公司规模、管理层成员、组织架构、各部门人员配置等，还可以快速地把人和名字对上。如果公司没有现成的联络簿（这种情况非常少见），就要尽快自己做一个。公司联络簿制作起来很简单，以表 3-1 所示的模板为基础，再根据公司情况删减项目即可。例如，外企的员工喜欢互相叫英文名字，这时就要加一列英文名字。

除了公司联络簿，还要制作员工信息表（见表 3-2），人力资源部门一般会有现成的表格，有机会可以留存一份。

表 3-2　员工信息表

序号	姓名	年龄	身份证号	籍贯	家庭地址	最高学历	毕业院校	所学专业	婚姻状况	入职时间	入职岗位	调岗时间	现岗位
1													
2													
3													
4													
5													

举个例子，小赵是我之前带的一位学员，刚开始做总经理秘书的时候手忙脚乱的，隔一会儿就给我发个信息："小文老师，领导周末要带高管们出差，现在让我订票，我需要找他们要身份证号吗？""我正在做公司介绍PPT，想体现公司高管受教育程度高，都是硕士、博士，可是我不知道他们的具体学历，只是之前开会的时候听领导说了一下，才知道他们的学历都很高，我需要找他们问一下吗？""我们公司要出去团建两天，需要预订酒店，我刚来，不知道怎么安排，怎么办啊？"对于这些问题，我的答案都是一样的："看员工信息表啊！"

在平时的工作中，领导可能会突然问一些难以迅速回答的问题："咱们公司有多少位博士？""咱们公司高管的平均年龄是多少？"显然，现场统计并不是解决这类问题的最佳方法，最佳方法是平时做好记录，需要的时候就拿出来算一下。

如果想要做得更好，平时和同事们对接的时候就要留意收集更多的信息，尤其是工作习惯和沟通习惯。例如，经过几次接触，你发现前台小李在上午10:00 ~ 11:00和下午3:00 ~ 4:00这两个时间段最好说话，在这两个时间段找她，她都很乐意帮忙。但是，她在上午11:00 ~ 12:00和下午4:00 ~ 5:00这两个时间段很难说话，最好不要去找她帮忙做任何事。这是因为，在这两个时间段，她都在忙着工作收尾，为下班做准备。再如，市场部的王总一般月初情绪高涨，沟通事情时也很有耐心；他到月末的时候情绪有些急躁，与他沟通事情时需要特别注意措辞和语气。

每个人的工作习惯不同，沟通习惯也有很大的差异。一般来说，年长的领导更喜欢直接打电话沟通，年轻一些的领导更愿意先用文字沟通，实在不行再打电话。这些重要的沟通习惯都需要在和他们打交道时有意识地记录下来，最终形成一张工作习惯和沟通习惯记录表（见表3-3）。

表 3-3　工作习惯和沟通习惯记录表

序号	姓名	部门	职务	工作习惯	沟通习惯
1	张三	人力资源管理部	总监	周一下午 2∶00 ~ 4∶00 有部门例会，中午休息时间不要打扰	最好打电话，这位领导年过 50 岁，不太喜欢使用微信和 QQ，上班期间基本不看微信和 QQ，看见了一般也不回复
2	李四	研发部	总监	等对方回复，中午休息时间可以去找	必须先发微信，这位领导属于"80 后"，最烦接电话，口头禅是"什么事重要到必须打电话"
3	王五	市场部	总监	早上不要找，脾气比较大；最好是 10∶00 ~ 11∶00，休息时间不要找他，肯定在忙	先发微信，再打电话，非常重要的信息一定要当面通知。他每天的信息量太大了，发的信息容易被淹没
……	……	……	……	……	……

知道了别人的工作习惯和沟通习惯，做事情就方便多了。如果有事情需要跟别人沟通，可以先翻翻过去的记录，看看在什么时候找他们比较合适，到底是发信息、打电话还是直接去办公室当面沟通效率比较高。

当然，对老秘书来说，这些信息都已经记到脑子里了，不需要时时翻阅了。

进入新公司，秘书除了要多收集各类信息，还要细化收集来的信息的颗粒度。一般来说，收集的信息越细致，越有针对性，对后期工作的帮助越大。

例如，出行行业通过细化信息颗粒度，解决了对乘客、司机、出发地、目的地等信息进行实时数据化和大规模动态匹配的问题。以前，乘客在哪里、想去哪里及司机在哪里等信息都没有被数字化，所以能否打到车、需要等多久都是概率问题。但是，地理位置定位、出行平台、派单算法等技术出现之后，海量的位置、需求、供给等信息就可以相互匹配，实现了动态网络的协同。不断迭代的算法可以减少乘客等待的时间，缩短司机空车行驶的距离，大大提高出行效率。

秘书也可以借鉴这种模式。例如，秘书平时注意收集各位领导的饮食习惯、个人爱好、家庭情况等，等到中秋节、春节发祝福语的时候，就知道应该使用哪种文体；领导在年终给大家发福利的时候，秘书也能提出有建设性的意见。

秘书在收集各类信息时要做到善用工具、随手记录。俗话说："好记性不如烂笔头。"秘书最好平时留心观察，勤动手、勤记录。记录工具非常多，如印象笔记、石墨文档、幕布等，使用起来都非常方便。需要的时候，掏出手机就能做记录。

2. 接打电话有讲究

秘书接打电话的频率非常高。例如，有的秘书就坐在总经理办公室外间，负责接听、过滤所有打到总经理办公室的电话。这类秘书要先确认对方身份、来电目的等信息，再决定是否将电话转接给总经理。作为公司的一张活名片，秘书接打电话是否足够专业，甚至可以决定对方对本公司、对领导的第一印象。

接电话的时候，铃响两到三声的时候接起来最合适。在通话的过程中一定要保持微笑，人是很神奇的动物，即便看不见对方，也能听出来对方是在笑着说话还是在皱着眉头说话。人也是非常容易互相感染情绪的动物，即便你心情不好，只要听见电话那头热情地说"您好，请问您是哪位"，也会不由自主地舒缓心情。反过来，即便你原本心情舒畅，只要听见电话那头不耐烦地问"哪位"，也会觉得像被迎头泼了一盆冷水。

电话旁边要常备纸笔，边打电话边做记录。电话响起，一边接起，一边顺手拿起笔在来电记录表上记录。来电时间是什么时候？谁打来的？找谁？有什么事？联系方式是什么？这些信息都要记录清楚（见表 3-4）。

表 3-4　来电记录表

序号	来电时间	来电单位	来电人姓名	来电人职务	来电内容	来电号码	来电处理方式
1							
2							
3							
4							
5							
6							

挂了电话之后，对于重要事项，要立刻向领导请示或汇报；对于一般事项，可以先做好记录，再统一做汇报。

接电话需要注意的细节很多，打电话的时候需要做的准备就更多了。

打电话要遵守 KISS 原则，KISS 就是 Keep It Simple and Short，也就是让你的通话内容简单明了。最好在打电话之前写个草稿，整理清楚思路，确定这几个关键点：

- 打电话的目的；
- 要沟通哪些问题，逐条写清楚；
- 对方可能会提出哪些问题，这些问题怎么解答；
- 什么时候打电话比较方便。

打完电话，最好让对方先挂。尤其是给领导打电话的时候，不能电话挂得比领导还快，那边刚说完这边就挂了电话是非常不礼貌的。

给领导打电话的时候还要注意一些细节。

- 能发信息就不要打电话，现在很多人都不爱接电话。不过，一些年龄较大的领导可能不是那么喜欢发微信或短信，更喜欢有事就打电话沟通。大部分年轻领导不喜欢接电话，尤其不喜欢秘书遇到一点小事就给他们打电话。

- 如果是重要的事情、发信息说不清楚的事情、必须面谈或电话沟通的事情，就先发个信息，问一下对方是否方便通电话，得到对方肯定的答复后再打过去。

- 接完领导打来的安排重要工作的电话之后，要用文字整理出来待办事项，再以信息的形式发给领导确认，以免产生理解偏差。

- 非工作时间尽量不要打电话，每个人都有自己的生活，都不愿意在自己休息的时候被别人打扰。

- 给领导打电话的时候，如果第一遍没人接，隔5～10分钟再打一次，如果还是没有人接，就不要再打了，先发个消息说明情况。领导可能没听见来电，等他发现的时候，如果觉得有必要，一定会给你回电话。

3. 微信、QQ 别乱用

微信和 QQ 的沟通效率高，现在已经变成很多人沟通时的首选工具了，承担了工作中 80% 的沟通任务。

微信和 QQ 的使用频率极高、使用场景极多，因此在使用它们进行沟通的时候需要注意很多细节。

- 非工作时间尽量不要发消息，原因很简单，避免打扰别人。

- 不要问"在吗"，有话直说。

- 能发文字就别发语音。如果事情真的很重要，担心打字说不清楚，就直接打电话沟通。如果是高风险沟通，对方有很大的可能会误解文字传达的情绪，就直接打电话，让对方清楚地接收到你想表达的意思。

- 想好再发，逐条写清楚。无论在什么时候，清晰的表达都更受欢迎。

- 重要信息最好用括号标出来，如"【明天早上 9 点】公司门口集合""请各位领导于【下周一上午 10:00】到【1 号会议室】参加周一的高层例会"。

- 发现错别字要立刻撤回消息重新编辑。不小心打了错别字的时候，大部分人喜欢直接在下面"打补丁"，这样做确实方便了自己，但是别人就未必了。因此，在发出消息之前先检查一遍是很好的习惯，如果发出去之后发现了错误，最好立即撤回消息重新编辑，改完重新发送。

- 不要发完消息 5 分钟不到就打电话催。有时候，因为网络延迟等问题，很可能会出现对方还在读你发的消息，你的电话就到了的情况。

- 收到消息一定要回复。微信并不会在你读完后提示对方消息已读，当领导通过微信给你安排工作时，他肯定想知道你看到了消息没有。与收到消息不回复相比，更让领导生气的行为是，你没有回复信息，却发了一条甚至好几条朋友圈。

- 尽量做最后一个说话的人。之前我和领导沟通时，不管领导最后说什么，我都会再回一句，做最后一个说话的人。哪怕她最后一句说的是"嗯"，我也会再回一个"嗯"。

- 标点符号是有情绪的。

  - "嗯"——面无表情，鼻子哼了一声"嗯"。

  - "嗯嗯"——连连点头，一脸认真。

  - "嗯嗯！"——使劲儿点头，表示强烈认同。

- 朋友圈是第二个办公室。不要把什么事情、想法都发到朋友圈里面，以免造成不必要的麻烦。

微信十分强大，但还是有力所不逮之处。在微信工作群中汇报大量工作的时候，效率会变得特别低：你明明记得某个人说过某件事，翻遍聊天记录却怎么也找不到；忘记另存一份的文件过期了，不得不找别人再要一遍；更尴尬的是同时和领导与家人聊天，一不小心发错消息了。因此，如果有必要，可以使用两个微信号，工作一个号，生活一个号，互不打扰。

微信和QQ在帮我们降低沟通成本的同时，也带来了副作用，导致信息变得非常碎片化。在很多情况下，我们不得不请邮件出马。

不同的领导有不同的个性、管理风格和喜好。老派企业家喜欢用微信，留学回来的领导更愿意用邮件。更注重专业度的公司倾向于用邮件沟通，更注重即时性的公司喜欢用微信或QQ沟通。不同的习惯背后是不同的企业文化、不同的工作方式。到底是用微信和QQ沟通，还是用邮件沟通，或者以微信和QQ为主、以邮件为辅，要根据实际情况来定。到什么山上唱什么歌，入乡随俗才是正确的做法。

4. 收发邮件有规矩

不少外企喜欢用邮件沟通，因为邮件确实可以清晰地划分责任。邮件的设计基于两个原则，第一是方便沟通，第二就是责任清晰。所有的往来信息在最近的一份邮件里都有记录，这样就可以避免出现问题的时候互相扯皮说不清楚。而且，因为规则透明，所以在发送邮件之前，大部分人都会比较谨慎。相比于微信和 QQ，收发邮件需要注意的细节更多。

如何使用邮件才能避免出错呢？下面从邮箱使用、邮件撰写、邮件发送、邮件转发、邮件回复和邮件检查这几个方面进行说明。

（1）邮箱使用

最常用的邮箱有 163 邮箱、126 邮箱和企业邮箱等。

很多人觉得 QQ 邮箱不正式，因为 QQ 邮箱地址前缀默认是 QQ 号码，一长串数字，很不好记，还容易写错。如果选择 163 邮箱或 126 邮箱，注册的时候尽量取一个看起来比较职业化的名字，如 wangzhuli@163.com。这种邮件地址非常好记，而且强化了你的职业形象。

如果不修改发件人名称，默认显示的就是你的网名。网名有多个性，大家都知道。在平时的生活中使用网名可能还挺有意思的，但在工作场合冷不丁看到"哆啦 A 梦借下你的口袋"或"少了我地球都要抖三抖"给你发邮件，商量严肃的事，肯定会感到非常滑稽。

（2）邮件撰写

邮件撰写涉及的细节比较多，这也是本节最重要的内容。一封邮件包括标题、称呼、问候、正文、附件和结尾签名。

① 标题（Subject）

判断标题写得好不好，主要看收件人能不能迅速了解邮件内容并判断邮件的重要性。

例如，对外邮件标题宜使用"来自××公司关于××事项合作确认清单"，对内邮件标题宜使用"××项目上线所需资源申请"。

写标题时要注意以下事项：

- 标题不能不写；
- 标题宜简短，不宜冗长；
- 避免标题含义不清；
- 一信一标题；
- 慎用大写字母、特殊字符、"紧急"等字眼。

② 称呼（Salutation）

写称呼时要注意以下事项：

- 不要直呼其名，因为非常不礼貌；
- 如果对方有职务，按职务称呼"××经理"等；
- 如果不清楚对方职务，按惯例称呼"××小姐"或"××先生"等；
- 在有多个收件人的情况下可以称呼"大家"。

③ 问候（Greeting）

问候包括开头问候和结尾问候：

- 最简单的开头问候——英文"Hi"，中文"你好"；
- 最常见的结尾问候——英文"Best Regards"，中文"祝您工作愉快"。

④ 正文（Body）

写正文时要注意以下事项：

- 简明扼要，不要重复啰唆；
- 多用列表陈述，用序号罗列事项；
- 如果具体内容很多，正文做简要介绍，附件做详细描述；
- 一次说完，2 分钟后再发一封补充、更正的邮件会显得很不专业；
- 行文通顺，不能有病句和错别字；
- 如果公司有规定的字体，就用规定的字体；如果没有，就用常见的字体，如中文的宋体、黑体等，英文的 Arial、Calibri 等。
- 字号用五号或 10 磅。

⑤ 附件（Enclosure）

添加附件时要注意以下事项：

- 如果有附件，要在正文中提示收件人查看；
- 有多个附件时，要在正文中做简要说明；
- 对于 Word、PPT 格式的附件，在对方仅阅读的情况下最好转换为 PDF 格式；
- 附件要重新命名，不可用"新建文档 111"之类的文件名；
- 附件数量最好不要超过 4 个，更多时打包压缩成一个文件；
- 发送邮件之前要检查附件，以免忘记添加附件或添加错误的附件。

⑥ 结尾签名（Signature）

使用结尾签名时要注意以下事项：

- 结尾签名应包括姓名、职务、公司、电话、传真和地址等信息；
- 结尾签名行数不宜过多，最好控制在 4 行以内；
- 适当引用公司的宣传口号作为结尾签名的一部分；

- 对内、对外、对私宜使用不同的结尾签名；
- 结尾签名的字体最好与正文保持一致；
- 结尾签名的字号最好比正文小一些。

（3）邮件发送

只给相关人发送邮件，不要群发邮件，以免浪费别人的时间。发送邮件时要注意以下事项。

- 发送（To）：邮件的发送对象，收件人需要回复。
- 抄送（Carbon Copy，CC）：只需要知道这件事，不用回复。
- 密送（Blind Carbon Copy，BCC）：只有你知道这部分人收到这封邮件，适用于特殊场合。
- 各收件人的排序遵循公司规则或惯例，一般按职务或部门排序。

（4）邮件转发

转发邮件时要注意以下事项：

- 确定需要转发再转发；
- 注意敏感或机密信息，不要把内部信息转发给外人或不应该知道这些信息的内部员工；
- 根据需要适当修改标题，避免邮件标题出现一大串"RE："。

（5）邮件回复

回复邮件时要注意以下事项。

- 非常重要的电子邮件应立刻回复。
- 重要程度一般的邮件最好在 2 小时内回复。

- 优先级低的邮件可以集中处理，24 小时内回复即可。
- 如果事情比较复杂，无法及时回复，可以先简单回复，让对方知道你收到邮件了。
- 如果你正在出差或休假，可以设置自动回复，提示发件人，以免影响工作。
- 做针对性的回复时，先把相关问题抄到回复邮件中，然后附上答复。做必要的阐述，让对方一次理解，避免反复交流、浪费时间。
- 回复内容不少于 10 个字。对方发来一大段内容，你只回复"是的""对""谢谢"或"已知道"是非常不礼貌的。
- 不要针对同一问题多次回复、讨论，如果沟通超过 3 次，就说明这个问题不适合通过邮件沟通，最好改打电话或当面沟通。
- 注意区分单独回复（Reply）和回复全体（Reply All），具体选择哪一种根据你的回复是不是需要大家都知道而定。
- 在群发邮件中，如果对发件人的提出的问题不清楚或有不同的意见，要与发件人单独沟通，不要不停地回复来、回复去，浪费其他人的时间。

（6）邮件检查

检查邮件时要注意以下事项：

- 发送邮件之前一定要检查一遍；
- 实在不放心的话，先给自己发一遍看看效果。

5. 信息处理按套路

秘书收到的信息虽然多，但总的来说，可以划分为两大类——书面信息和口头信息。前面介绍的很多信息都是书面信息，大家应该已经很熟悉了。一般来说，如果能做到"外来的不乱，外发的不错"，就算基本合格了。

- 收到的书面信息一般都比较全面，做好记录、按要求准时完成相关任务就可以了。
- 对外发送的书面信息要花更多的心思。

口头信息常常被大家忽略。口头信息可以分为两个部分——领导口头安排的工作和你向领导做的口头汇报。

很多秘书没有养成良好的工作习惯，在领导安排工作的时候没有立即核对。因为是口头表达，所以有时候领导自己也没有说清楚，如果秘书不确认一下，等到开始做了，才发现信息缺失，再去跟领导确认，就会导致耗时耗力、效率低下。解决这个问题的办法也很简单，按照"人、事、时、地"的框架确认信息即可。如果在执行的时候发现还是缺细节信息，就把问题都列出来，一次问清楚。既然不得不问，就保证一次问完。

再说口头汇报，与书面汇报相比，口头汇报常常不受重视。落到纸面上的东西可以反复看、仔细看、正着看、倒着看、对比着看，所以绝大部分问题都藏不住。正因为如此，在做书面汇报的时候，绝大部分人都会仔细写，发之前检查一下。但是，口头汇报就不一样了，说出去的话就像天空中飞过的小鸟，影子都看不见了。因此，除了非常严谨的人，很少有人会在说话前先在脑子里把要说的话过一遍，大部分人都是想到什么就说什么。

身为秘书，要想脱颖而出，就要刻意训练口头表达能力，这是一个非常好的突破点。语言是思想的载体，在别人眼里，你是什么样的人，就会说什么样的话；反过来，你说什么样的话，你就是什么样的人。

做汇报至少要做到以下几点。

- 汇报前要有清晰的目标。汇报前要想清楚这次汇报要达到什么目标，是想让领导觉得你做事情很有条理，还是想让领导提供资源支持。
- 最好先练两遍再实战。不管你是真的嘴笨，还是位置不稳、不能犯错，都可以在汇报之前打个草稿，自己先练两遍。
- 说重点。说实话，我也是录线上课程的时候，才知道自己说话这么啰唆，有这么多口头禅。

信息管理的本质是任务管理。秘书的日常工作就是通过各种途径接收各种信息，经过过滤、筛选、处理、再加工、使用、传播等步骤，最终实现工作目标。这个闭环需要秘书具备时间管理能力，通过管理处理各类任务的流程、顺序、时间分配等，高效地使用每天的 24 个小时。因此，秘书最好根据自己的工作性质、工作内容、工作特点和工作量，为自己量身打造一个时间管理系统。

有关时间管理的方法、系统和工具有很多，我的建议是从 GTD 入手，这套体系是现在流行的各类时间管理方法的源头。我自己在用的就是 GTD 时间管理系统，效果非常好。

❗ 案例分析

小米今天被领导批评了一顿，仅仅是因为接了一个电话。原来，小米接电话的时候不知道这是大领导打来的，也没听出来对方的声音，而且对方上来就问"××在吗",她以为和往常一样,这是没预约还想找领导的客户,就随口问了一句"你是谁啊",口气不是很友善。她没想到,这让大领导很是不快。

领导批评完小米,问:"你的那个'电话联络簿'呢?上面不是有公司所有员工的联系方式吗?"小米不好意思地低下头说:"上次打印机坏了,当时没打印,后来又忘了。"领导带着小米打印了一份"电话联络簿",指着刚打印出来的表格,对小米说:"你把这个表贴在电话旁边,以后来电话,先别急着接。你接电话太快,铃一响就接起来了,对方都没反应过来。下次你先对着联络簿找一下,先判断是不是公司内部的电话,尤其要判断是不是这几位领导打来的。"

看见小米耷拉着脑袋,领导把语气放缓了些,说:"小米,我给你讲个故事吧。之前我做秘书的时候,有一次接电话,对方刚说完'你好',我就听出来他是某个客户,姓王。于是,我就直接打招呼'王总,早上好,有什么指示啊'。从声音就能听出来,对方非常惊喜,说我竟然还记得他。后来,正好赶上有一件事情需要跟对方对接,我再去联系的时候,人家非常热情,事情办得十分顺利。这是为什么?记住对方就是尊重对方。我尊重别人,别人才会回以对等的尊重。我听说你今天接电话的时候有点急,是不是以为对方是没预约的客户啊?"小米不好意思地点点头说:"是,我大意了,没想到是大领导。"领导告诉小米,这样说就更加不对了,不应该区别对待,不管是普通同事,还是公司高层,都应该热情对待。

最后,领导语重心长地对小米说:"做秘书是个细活儿,秘书的三大工作是办事、办会、办文,无一不需要和别人沟通。你说过的每一句话,发出去的每一条消息,层层叠叠地构建起了你的职业形象。你是严谨的、细致的,还是莽撞的、粗心的,都藏在你发出去的每一条消息、你说的每一句话里。所以，小米，我希望这件事情能让你有所收获、有所成长。"

小米回到办公室，默默地打开自己的笔记本，封面写着"小米成长记"，这个笔记本是小米入职前一天，特意去文具店买的。

小米打开第一页，写下了今天的收获：

> » 背下来公司重要领导的分机号；

> » 笑容满面地接每一个电话；

> » 重要的事情立刻去做，不要拖；

> » 犯了错不逃避，主动承担责任；

> » 不重复犯同样的错误。

常用清单及模板

常用清单

信息管理清单 ①

常用模板

模板 1：公司联络簿

模板 2：员工信息表

模板 3：工作习惯和沟通习惯记录表

模板 4：办公室来电记录表

---

① 　请访问 http://box.ptpress.com.cn/y/57560 获取本书提供的常用清单及模板。

第 4 章

把公司当成自己的：财物管理

本章思维导图

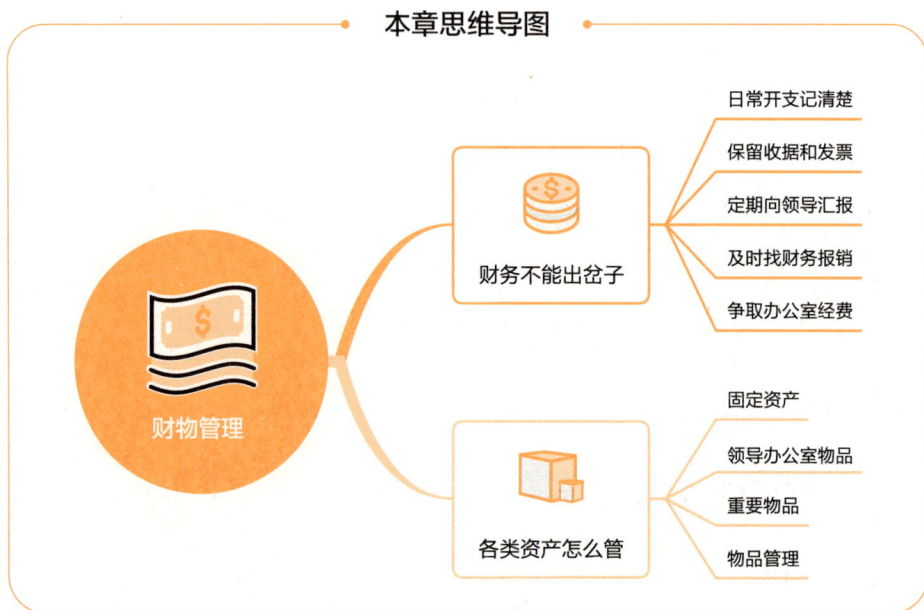

财物管理

财务不能出岔子
- 日常开支记清楚
- 保留收据和发票
- 定期向领导汇报
- 及时找财务报销
- 争取办公室经费

各类资产怎么管
- 固定资产
- 领导办公室物品
- 重要物品
- 物品管理

1. 财务不能出岔子

做秘书，免不了和钱打交道。买办公用品、帮领导点餐等事情一般都需要秘书来做。秘书在职权范围内管理的资金虽然数额不大，但如果不注意，也有可能被它绊个大跟头。

平时经常和钱打交道的秘书一定要注意下列五个方面。

日常开支记清楚

不管经手的钱是多还是少，都要做好日常开支记录，而且记得越清楚、越详细越好。秘书可以做一个办公室日常费用支出明细表，包含序号、日期、金额、详细事项、经手人及备注等项目。有了这张表，不管谁想了解开支情况，拿过表来一看就清楚了。

日常做记录还有一个好处，那就是"量变引起质变"。当数据量上去，样本数量足够多的时候，我们就可以通过分析数据，总结办公室有哪些常见的开支、资金去向、所需金额等。这样一来，以后在处理同类事情的时候就会更加高效。例如，领导突然让你给因为会议延迟而错过饭点的高管定午间工作餐，订什么比较合适、预算大概多少钱都可以通过往期记录找到参考依据，工作效率也就大大提高了。

如果买东西的时候拿到了一些优惠和折扣，也可以记在备注栏里面。例如，买矿泉水的时候赶上了促销活动，买了几箱水省了 40 块钱，就可以记在备注栏里。领导看到这些信息的时候，一定会觉得你很替公司着想。

需要注意的是，帮公司、领导省钱并不是第一要务，秘书的首要任务是把事情办好，把东西买到。如果你能在买到正品的同时拿到一个超出领导预期的折扣，就可以锦上添花。但是，不要为了省钱而去选择不可靠的渠道，万一买来的不是正品，麻烦就大了。很多时候，秘书并不知道领导买的这件东西将来送给谁。例如，领导想送给自己的家人一部新款苹果手机，你好心帮他省钱，结果买了水货，钱没省了多少，事情却办砸了！

保留收据和发票

买东西的时候，能开发票一定要开发票，后期可以省掉很多麻烦。开发票其实很简单，通常只需要记住公司的纳税人识别号就可以了。

纳税人识别号就是人们通常所说的"税号"，每一家公司的纳税人识别号都是唯一的，相当于公司的身份证号。因为纳税人识别号具有唯一性，所以我们去开发票的时候，只要跟开票人员说税号是多少，对方就可以直接把税号录入发票系统，直接找到开发票所需的其他信息，非常方便。

秘书要把公司的纳税人识别号记到手机备忘录里，时不时就能派上用场。有的公司会专门做一张公司财务信息卡，上面印着纳税人名称、纳税人识别号、公司地址、公司座机号、开户行及账号等信息，不仅便于使用，而且保证了信息的准确性，有助于避免错开、漏开发票等情况。

秘书采购物品时要记得开发票，还要提醒领导记得消费时开发票。很多领导都没有开发票的习惯，出去花钱就花了，根本不管开发票的事情。很多领导没有亲自走过报销流程，没贴过发票，不知道财务报销流程有多复杂，财务审核有多严格。在一些领导眼里，报销就是把一堆发票贴到一起，再填张单子，一起拿给财务就行了。走过报销流程的秘书都知道，事实恰恰相反。如果你敢在财务报销流程上打折扣，财务就敢把单据全部打回，让你重新来一遍。

每个人一天都只有 24 个小时，做了这件事，就做不了那件事。费用报销很简单但也很烦琐，如果总是在这种低价值工作上来回折腾，不仅会把自己搞得身心俱疲，而且一点提升都没有。这样的工作做得越多，你的价值越低。

定期向领导汇报

秘书要用前面介绍的办公室日常费用支出明细表做好记录，每隔一段时间，或者到月底的时候，以书面或电子版的形式给领导做一次汇报，让领导知道这个月的钱花到哪里了，让领导心里有数。

如果等哪天钱花完了才去汇报，领导就会觉得很突然，因为他脑子里没有秘书花钱办事的印象。领导可能会想："我昨天才给你 5000 元，怎么今天就花完了？你干什么了？"可能这点钱不值得领导花时间专门跟你对账，但他心里有了小小的质疑的声音，这颗种子不定哪一天就会长大。如果这类错误积累得越来越多，最终的结果肯定不会太好。

汇报的形式有很多种，既可以先发电子版让领导通览，再当面汇报细节和特殊情况，也可以书面打印出来，连同其他材料交给领导审阅。到底选择哪一种，主要根据领导的工作习惯而定。

及时找财务报销

报销一定要及时。

财务部门大概是每家公司里面最严谨的部门了，报销流程的每一步都有严格的规定：报销时间有规定，发票时间有规定，发票怎么贴也有规定。因此，要想尽快完成报销，就必须按照财务部门的规矩来。和财务部门打交道，必须按照对方的规则和要求做事，这也是完成报销最快的方式。

在报销之前，我们可以去财务部门要一份报销规定和流程，搞清楚细节要求。例如，按照什么顺序粘贴发票，按正序还是按反序，按金额还是按日期？怎么钉在一起，用单面胶、双面胶还是订书钉？加不加明细单，加不加汇总表？

如果事先不了解这些细节，提交给财务部门的报销单不停地被打回，再不停地返工，那么不仅浪费了大量的时间，心情也会很糟糕，还会给同事留下很不职业的糟糕印象。

因此，秘书要先熟悉报销制度和流程，一次解决是通往成功最近的路。

争取办公室经费

有些领导会忘了秘书的工资并没有那么高，忘了每个月秘书还要交房租、交际和学习，忘了秘书给公司或领导垫付一次费用可能就会面临财务"赤字"。

一旦出现垫付的苗头，秘书就要尽量在第一时间应对。其实应对的办法并不复杂，秘书可以直接与领导沟通，说自己现在资金紧张，绝大部分领导都会表示理解。

2. 各类资产怎么管

在有些公司里，有些资产也是由秘书来管理的，如部分固定资产、领导办公室物品及重要物品等。下面介绍一下可能交给秘书管理的物品及需要注意的细节。

固定资产

秘书管理的固定资产与公司行政或财务部门管理的固定资产不是一回事，秘书管理的固定资产一般是与自身工作或领导相关的。

- 图书：根据领导的要求定期购买相关的图书，要分类摆放、定期清点，这样才能便于查询、避免重复购买。
- 报纸和杂志：每天把最新的报纸取来，放到最上面，把杂志摆放整齐。

- 花草：每天浇水，每个月找花匠过来收拾一下，补一下营养。
- 饮水机：保持水量充足，水不够了要及时换一桶，注意保持饮用水清洁。

领导办公室物品

领导办公室物品的日常保管和养护工作一般由秘书承担。

- 打火机：领导使用的打火机需要定期加气。
- 雪茄柜：保持温度在23℃左右，湿度在71%左右，这样雪茄才能保持在最佳状态。
- 茶具：每天收拾茶叶柜和茶具，清理茶渣和废水桶，夏天要尤其注意。
- 香炉：了解不同的香炉如何使用，不同的熏香有什么效果，熏香应该怎么点。
- 保险柜：做个清单，记录好保险柜里的东西，清单要注意保密；保险柜的钥匙要保管好，千万不要随手乱放。

重要物品

重要物品的管理主要涉及以下几个方面。

- 证章：公司的公章、领导的私章、公司的证照、领导的各类证件等证章有时候在总经办，有时候在行政部门，有时候在财务部门。如果公司要求秘书保管，秘书就要做一个清单，记清楚手里保管了哪些东西，以免遗失。最好扫描一下领导的身份证、驾照及其他常用的个人证件，留一份电子版备用，说不定什么时候就能派上用场。

- 文件资料：定期整理各类文件，做好分类，贴好标签，做好归档。现在多花点时间整理是为了以后能少花点时间寻找。秘书要尽量减少"找东西"这种几乎没有价值的事情所占用的时间。

- 名片：每周把领导带回来的名片录入手机，既方便又不容易丢失。推荐使用"名片全能王"，这是一款很不错的名片管理 App。

- 投影设备：准备一个适用于各类计算机的万能转接头，关键时刻能救场。另外，单独准备一个 HDMI 连接头，用于连接电视或计算机。

物品管理

不管是公章、合同，还是领导的身份证，或者是领导的贵重物品和个人用品，都要做好记录。可以内部借用的物品，无论是什么，借出、归还时都要做好记录。

记录时可以使用物品借用登记表、合同借阅登记表、公章使用登记表等。表格要随时整理，定期归档，以防丢失。在有的公司里面，这些工作不一定交给秘书去做。像固定资产的日常管理及定期维护、办公室物品采买等工作可能会交给行政或后勤部门。领导办公室物品管理和重要物品管理这两项工作基本都是交给秘书来负责的。

总的来说，财物管理模块的工作比较琐碎、价值也比较低，只要花点时间，即便之前从来没做过，也可以很快地上手。也就是说，这些工作的可替代性非常强。

大家可能都在新闻上听过一个收费员的故事。这位大姐从年轻的时候就在高速公路的收费口收费，干了十几年，结果在 36 岁的时候，因为这个收费口被撤掉而失业了。她说："我的青春都献给收费站了，现在要我学别的，我也学不会了。"

其实，任何岗位都面临同样的风险。某些秘书安于现状，只知道待在舒适区里低头干活儿，一张发票贴半个小时，借一次公章花半个小时。时间过得飞快，等回过神来，才发现自己马上就要被公司新来的秘书取代了。因此，我们一定要时时刻刻提醒自己，做好手上的工作是应该的，但一味地做低价值的、可替代性强的工作只会让自己逐渐丧失价值。

❗ 案例分析

小米平时经常需要帮领导买些小东西，偶尔还要帮忙订中午的工作餐，因为报销麻烦，领导就单独设置了办公室备用金。小米很认真，每次需要采购的时候，都一个网站一个网站地比价，跟客服聊天、砍价，还拿着计算器反复计算，琢磨怎么下单才能把优惠券都用上。

这一天，领导问小米："咱们的备用金还剩多少？"小米说："还剩一千二百……"话还没说完，领导很吃惊："怎么花得这么快！都买什么了？"小米觉得有点委屈，但还是解释道："之前您给了 8000 元，上上个月办公室团建就花了 4000 多元，这两个月订了几次高管例会工作餐，加上最近又买了点办公用品，就只剩这些了。"领导虽然没有再说什么，但小米明显地感觉到领导有些不高兴。

领导不高兴，小米也觉得很委屈，就现在这个花费还是她精打细算、货比三家的结果，否则别说还剩 1200 元，这些钱恐怕都不够用。没有表扬也就算了，还挨顿批评，真憋屈！

　　小米有点想不通，为什么自己活儿没少干，给公司省了钱，结果没表扬就算了，还差点被批评了？小米把心中的疑问告诉了朱朱，朱朱是小米的学姐，她是一位资深秘书。她跟小米在一次活动中认识，结果发现她们两个是同一个学校、同一个专业的，就渐渐熟悉起来，小米也习惯了遇到难题就找她请教。过了一会儿，朱朱发来信息："小米，这个办公室支出，你多久向领导汇报一次？"小米想了想，回复："距离上一次汇报已经有两三个月了吧，我也记不清楚了，好长时间了。"朱朱跟小米详细了解情况，最后跟小米说："小米，你这个账管得确实有很多问题，最大的问题是汇报频率太低。你是经办人，所以你很清楚每一笔钱去哪里了。但是领导不一样，他上次接触这件事还是两三个月之前，脑子里记得的还是上次的数字 8000 元，冷不丁变成 1200 元，换成谁都会觉得很突然。我教你个办法，你把'办公室日常费用支出明细表'用起来，平时把每笔支出记清楚，然后每周或每月向领导汇报一次，让领导心里有数，这样以后就不会再出现今天这种情况了。"

　　看着学姐发来的信息，小米仔细地回想了整件事情的经过，默默地打开自己的笔记本，翻到第二页，写下了今天的收获：

» 每一笔支出都要记下来；

» 省了多少钱也要写下来；

» 每周向领导汇报一次支出情况；

» 发给领导 Excel 文档和内容截图，方便领导查看；

» 发生金额较大的支出时，单独汇报一次。

常用清单及模板

常用清单

财物管理清单

常用模板

模板 5：办公室日常费用支出明细表

模板 6：物品借用登记表

模板 7：合同借阅登记表

模板 8：公章使用登记表

第 5 章

礼多人不怪：商务礼仪

本章思维导图

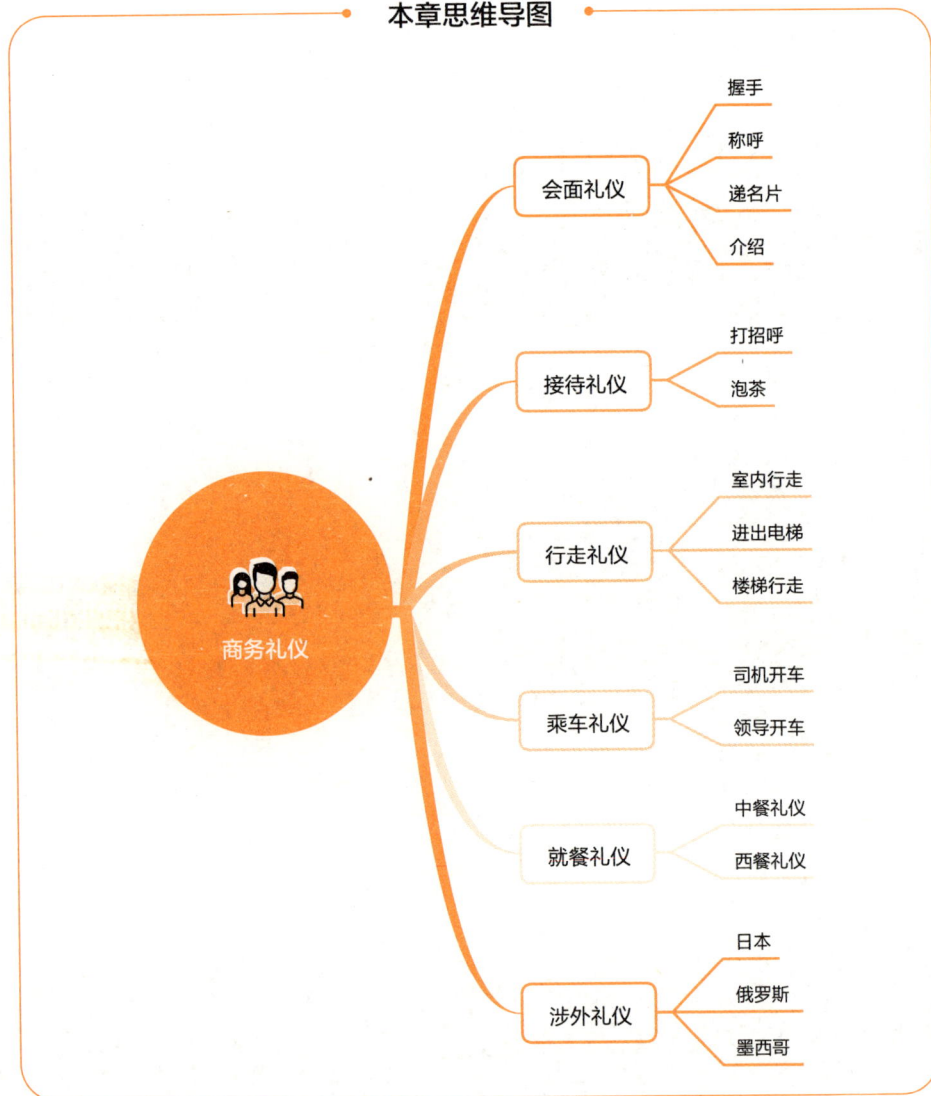

```
                                              ┌─ 握手
                                              ├─ 称呼
                          ┌─ 会面礼仪 ────────┤
                          │                   ├─ 递名片
                          │                   └─ 介绍
                          │
                          │                   ┌─ 打招呼
                          ├─ 接待礼仪 ────────┤
                          │                   └─ 泡茶
                          │
                          │                   ┌─ 室内行走
                          │                   ├─ 进出电梯
              商务礼仪 ───┼─ 行走礼仪 ────────┤
                          │                   └─ 楼梯行走
                          │
                          │                   ┌─ 司机开车
                          ├─ 乘车礼仪 ────────┤
                          │                   └─ 领导开车
                          │
                          │                   ┌─ 中餐礼仪
                          ├─ 就餐礼仪 ────────┤
                          │                   └─ 西餐礼仪
                          │
                          │                   ┌─ 日本
                          └─ 涉外礼仪 ────────┼─ 俄罗斯
                                              └─ 墨西哥
```

在职场中，商务礼仪非常重要。秘书尤其要重视商务礼仪，因为秘书经常需要代表公司接待客户，迎来送往。如果秘书不懂商务礼仪，就很容易犯一些低级错误，严重时甚至会影响工作。例如，有一位秘书刚刚参加工作，很多事情都不懂。有一次，在领导的私人宴会上，她刚坐下就掏出手机拍照，客人的脸色立刻就变了，事后她被领导狠狠地批评了一顿。

当然，学习商务礼仪也不是什么难事，只要平时注意观察，工作之余稍加练习，就能成为礼仪达人，在对外接触中为公司、为领导、为自己大大地争光添彩。

商务礼仪涉及的细节非常多，秘书需要重点了解的包括会面礼仪、接待礼仪、行走礼仪、乘车礼仪、就餐礼仪和涉外礼仪，下面分别介绍一下。

1. 会面礼仪

握手

见到客户的时候，第一个要注意的是握手礼仪。

握手讲究尊者为先。一男一女的时候，主动权在女方，如果女方不主动伸手，男士是不应该主动去握手的。那么，领导和下属见面时，谁应该先伸手？只有当领导伸出手表示愿意握手的时候，下属才能握手。

在握手的时候，要目视对方，面带微笑，然后稍稍弯腰欠身，客气一下就可以了。我一直认为，在任何场合中，商务接待也好，正式工作也好，不卑不亢是最好的态度。

握手的时候有几个忌讳：

- 不可以用左手握手；

- 不可以戴着墨镜握手；

- 不可以戴着帽子握手；

- 不可以坐着握手。除非极其特殊的情况，否则不可以坐着握手。尤其当别人站着的时候，你坐着去握手会显得非常不礼貌。

称呼

在职场中，称呼一般使用"姓氏＋职务"的形式，如王总、李经理、张总工等。如果对方有两个或多个职务和身份，通常是就高不就低，按最高的职务称呼，或者按对方的喜好称呼。例如，对方是律师，又是博士，我们可以称呼赵律师，也可以称呼赵博士。至于选用哪一个，主要看对方更看重自己的哪个身份。

递名片

握手、打招呼之后一般要递名片。递名片主要有两种方式。

第一种方式是由近到远。当很多人在一起的时候，或者双方很多人会面的时候，要从离自己最近的人开始递名片，不要跳着递。

第二种方式是按职务由高到低。正常来说，双方很多人会面时，任何一方的站位应该都是按职务高低排列的，递名片的时候，应该先递给对方的大领导，然后递给对方的其他领导，最后递给普通员工。

名片要双手递、双手接，接过来之后可以小声地把名片上的名字念出来，这样会让对方觉得受尊重。接到名片之后，要放到口袋里。男士较少带包，所以男秘书可以把名片放到衬衫的左侧口袋或西装的内侧口袋，也可以放到名片夹里。女士一般都带包，所以女秘书可以把名片放到包或名片夹里。

注意，男士千万不要把名片塞到裤子后兜里，这是非常不礼貌的行为。

介绍

秘书作为中间人为双方做介绍的时候，最重要的礼仪就是介绍顺序。

介绍的原则是尊者有优先知情权。如果是男士和女士，就要先把男士介绍给女士；如果是上下级，就要先把下级介绍给上级；如果是晚辈和长辈，就要先把晚辈介绍给长辈。换句话说，后介绍的人更尊贵，他可以先知道对方的身份。

秘书作为中间人介绍双方的时候要注意几点。第一，不要单手指人，这样做非常不礼貌。手正常地舒展开来，自然地指向被介绍的人即可。第二，要注意避免对某个人尤其是女性过分赞扬，避免对领导过分赞扬。

秘书被别人介绍时，也要注意礼仪。站着时，被介绍后要与对方握手问候，然后打招呼，如"您好，很高兴认识您"；坐着时，被介绍后应该站起来或欠身示意。

2. 接待礼仪

打招呼

打招呼的时候要注意礼貌用语。领导还没有过来的时候，秘书要和客人寒暄，防止尴尬。秘书最好提前准备一下，尤其客人是比较重要的投资人或股东的时候，他们可能会突然问起公司的情况或项目进度。如果这个时候能把事情说清楚、切中要害，就能在领导心中"得分"。

我身边就发生过这样一件事。这位秘书在接待投资方的时候应对从容、对答如流，在领导来之前就向投资方介绍了项目进度，给投资方留下了深刻的印象，后来被指定为对接人。再后来，机缘巧合之下她被投资方挖走了。

还有一位女秘书，为人很冷淡，不爱笑，年纪轻轻总爱锁着眉头。有一次，她接待领导的朋友。接待完，这位朋友对领导说："你这个秘书怎么看着一脸晦气，你是开门做生意的，赶紧换个秘书吧。"于是，她就失业了。

因此，对秘书来说，没有什么事情是小事。一件看起来很小的事情可能会带来新的机遇，也可能会打翻饭碗。

泡茶

秘书经常需要给领导或客人泡茶。取茶叶的时候一定要用茶匙，不要用手直接抓。手上难免有水渍、污渍，暗藏着细菌，用手直接抓茶叶对喝茶的人来说是非常不礼貌的。爱喝茶的人往往讲究雅致，因此茶具一定要干净，用之前要消毒，把杯身擦干。

茶倒七分，茶满送客，这些都是我们的传统文化。把茶水端给客人的时候，最好拿一个托盘端过去，不要两手捏着杯沿端过去，否则人家喝也不是，不喝也不是。把杯子放到桌面上的时候，杯子的手柄应该在客人的右手边。添茶时要考虑客人喝水的频率、空杯的速度，不可太急，也不可出现空杯过久的情况。

我国的茶文化源远流长，对此感兴趣的秘书可以专门学习一下，除了日常工作会用上，闲暇之余给自己泡一壶好茶、读一本好书，也是不错的休闲方式。

3. 行走礼仪

室内行走

引导客人行走的时候，彼此的距离要合适。一般客人走在前面，秘书走在客人左后方两三步。如果客人不认识路，秘书要在客人左前方两三步，身体侧向左手指引，不要把后背露给客人，让客人在后面追。

进出电梯

进入电梯的时候，秘书先进电梯，扶住电梯门，等客人进来之后再按楼层按钮；到达之后，秘书先按开门按钮，让客人先出电梯，然后快速走出电梯进行引导。

楼梯行走

出于安全需要，引导客人上楼时应走在客人的后边，这样可以保证对方的安全。引导客人下楼梯时，要注意姿势和速度，与前后的人保持一定距离，以防碰撞。如果楼梯较宽，可以并排走，不过最多不要超过两人。上下楼梯时尽量少交谈，不可站在楼梯上或转角处长谈。

4. 乘车礼仪

在条件允许的情况下，一般是请领导、女士、来宾先上车、后下车。

上车时，打开轿车的右侧后门，用手挡住车门上沿，防止客人碰到头。客人坐好后再关门，注意不要夹到客人的手或衣服。然后，从车尾绕到左侧为其他客人开门或自己上车。

秘书要后上车、先下车，以便照顾客人上下车。有专职司机时，秘书可以坐在前排，也要后上车、先下车，以便照顾坐在后排的领导或客人。女秘书上车时要特别注意，不要一只脚先踏入车内，也不要爬进车内，应该先站在座位边上，把身体降低，让臀部坐到位子上，再将双腿一起收进车内，双膝保持合并的姿势。

当领导亲自开车时，若只有秘书陪同，秘书应坐在副驾驶的座位上。如果秘书跑到后排坐着，就有一点把领导当司机的意味。当有专职司机开车，且只有领导和秘书两人坐车时，领导通常坐在后排右侧的座位，秘书坐在领导的左边或副驾驶的座位。这与我国道路行驶规则有关，因为右边比左边上下车方便。训练有素的司机开车到目的地，后排右座一定正对着门。坐在这个座位的人伸腿下车、抬腿上车都非常方便。

乘坐多排座轿车时，上下车通常以距离车门的远近为序。上车时，距车门最远者先上，其他人由远而近依次而上。下车时，距车门最近者先下，其他人由近而远依次而下。

当然，最重要的一点是尊重本人的意愿，领导坐在哪里，哪里就是上座。即便领导不明白座次，坐错了地方，秘书也不要轻易指出或纠正。

5. 就餐礼仪

商务宴请是职场中常见的拉近关系、促进感情的活动。不管是公司内部团建，还是宴请其他公司，都是秘书经常组织和参加的活动。

就餐礼仪一般可以分为中餐礼仪和西餐礼仪。

中餐礼仪

我国的饮食文化博大精深，吃什么、怎么吃，这里面的学问太大了。

身为秘书，不管需不需要上桌，订餐厅、点菜都是必须完成的工作。

（1）订餐厅

一名合格的或有经验的秘书应该对公司所在城市的餐饮业非常熟悉，包括哪些菜系可以吃到、哪些餐厅比较不错、价位如何、怎样快速预订等。当领导有招待需求时，秘书应该能够立刻提供三家以上的餐厅备选，而且要各有侧重点，要么名满一方，要么环境私密，要么菜品有特色，要么餐厅的位置有优势。

秘书对各家餐厅要足够熟悉，对包间的名字、是否有窗、景观如何、是否足够大气、是否有独立茶室或休息区都要了如指掌。

秘书平时就要注意搜集领导常去城市的餐厅，最好自己做一个常去餐厅明细表，记录好餐厅位置、特色、联系方式等信息，需要的时候就可以立刻挑选。

只要能为人所不能，就可以创造自己的独特价值。例如，领导 1 个小时后要宴请客人，但只有你能订到紧俏餐厅的位置，这就可以体现你的价值。再如，领导现在人在外国，想请客户吃饭，你虽然对当地不熟悉，但能通过朋友迅速订到合适的餐厅，这也可以体现你的价值。

（2）点菜

中餐礼仪必须从点菜说起，点菜之前最重要的事情有两件。第一，先和领导确定预算。根据之前收集的发票，秘书可以大概估算一下，然后看领导说的是多少。这样反复印证几次，秘书对不同类型的商务宴请采用什么标准、预算大概是多少就心里有数了。第二，控制预算。千万不要出现客人满意了、领导却不满意的情况，这会让秘书很尴尬。

点菜有两大原则。第一个原则是根据客人的重要程度点菜。如果宴请的客人没有那么重要，选几个价格适中、看起来很体面的菜就可以了。如果宴请的是非常重要的客人，就得上硬菜。也许客人什么都吃过，也未必爱吃这个菜，但是你必须点，这体现了诚意和态度。第二个原则是根据客人的特点和偏好点菜。秘书要考虑人数的多少，还要考虑客人的单位、年龄和职务。一些比较年长的传统企业的领导可能不太喜欢去西式饭店，更喜欢安静一点、有格调的私房小厨。例如，在北京请客，可以去那种开在四合院里的私房小厨，做几个精致小菜，很有氛围。外企的客人或比较年轻的客人可能更喜欢香格里拉、希尔顿这种商务风格的饭店。

男士比较多的时候，需要适当地加菜，特别是要加荤菜。女士比较多的时候，要多加一些口味清淡的素菜和一些有美容养颜功效的菜。另外，尽量不要点需要用手抓的菜，如螃蟹、虾、羊排等。

下面是我自己总结出来的点菜的八个秘诀，记住这八个秘诀，点菜就基本不会出错。

第一，菜的数量一般等于人数加二。

第二，一定要有主菜压场，但也不需要每一道都很贵。

第三，最好让大家觉得菜很贵。

第四，荤素搭配，冷热搭配。

第五，食材丰富，红肉、白肉、菌类、豆制品、蔬菜都要有。

第六，做法丰富，煎、炒、烹、炸、烤，每一种都有。

第七，特色菜、口味菜要谨慎选择。我国幅员辽阔、地大物博，一方水土养一方人，不同地方的人口味差异极大。山西人爱吃面，东北人爱吃米，上海人喜欢浓油赤酱，广东人喜欢高汤靓汤。如果不了解客人的口味，最保险的方法还是选大众口味的菜。

第八，善于利用大堂经理。大堂经理是内行人，对怎么选包间、怎么点菜及周边的情况都非常熟悉。如果不知道怎么点菜，可以直接告诉他预算和忌口，让他帮忙点菜。

点菜的时候有两个禁忌，一定要注意。

第一，点大众认为不能搭配在一起的菜。也许媒体已经辟谣了，但大众的想法并没有改变，所以在点菜的时候，可以让大堂经理看一下，尽量避免这种情况。

第二，点菜时不考虑客人的生活习惯、体质、身体状况。例如，之前我接待过一位美国的客人，他的体质非常奇特，对很多东西都过敏。中餐他一概吃不了，因为中餐里放了什么佐料我们根本说不清楚，无法确定他会对哪样东西过敏。当时，我们请他去了一个封闭的山庄，东西没有外面的西餐厅齐全。餐厅现做的西餐他只吃了一口就再也不动刀叉了。我们问他原因，他说牛排酱不行，里面有芝麻，他对芝麻也过敏。折腾了半天，最后给他做了生煎牛排，只放一点盐，这才算是把午饭解决了。当然，这类人非常少见，遇到的概率也很低。分享这个比较少见的例子是为了说明个体的差异是巨大的，千万别以己度人。

（3）喝酒

喝酒礼仪也是秘书需要了解的，不然容易失礼。

- 领导相互喝完之后，员工才可以敬酒。
- 敬酒的时候要双手举杯。
- 要站起来给别人敬酒。
- 可以多人敬一人，不可以一人敬多人，除非你是领导。
- 敬别人酒时，自己要喝完，对方喝多少随意。
- 敬酒的时候要保证杯子永远比别人低。
- 如果没有特殊人物在场，碰杯要按照顺时针或逆时针的方向，不能跳过某个人。
- 敬酒时要说敬酒词。
- 倒酒的时候，红酒不可以倒满，倒1/4杯就可以了。

（4）座次礼仪

在饭桌上，座次礼仪非常重要，坐错位置是非常失礼的。一般来说，尊位在离门最远的那个位置，也就是正冲着门的位置。

秘书坐在哪呢？一般坐在两个位置。第一个位置是门口，便于照顾大家、端茶倒水、上菜催菜；第二个位置是领导旁边。

当然，领导也可以决定秘书坐在什么位置。以我自己为例，刚开始我不知道就餐时应该坐在哪里，领导让我坐在他的旁边，两三次之后大家就默认那个位置是我的，就算我晚到了一会儿，大家也会把那个位置空出来。

秘书除了自己不要坐错位置，也不要给其他人胡乱安排座位。如果是第一次安排，实在搞不清楚，最好跟领导确认一下，看领导怎么安排。

（5）其他细节

关于就餐，还有一些细节需要秘书留意。

- 安排好停车。吃饭的时间停车位一般比较少、不好找，尤其是一些比较受欢迎的餐厅。如果不提前准备，可能客人都到了，才发现无法停车。
- 客人落座之后，给每个人添水，催服务员上菜。秘书要关注客人的用餐情况，提醒服务员及时换盘子。
- 快吃完的时候安排代驾、结账、开发票。
- 照顾一下司机。司机是最被忽视但其实很重要的人。司机一般不上桌，但可以给司机点一份餐。做这些事情时要跟领导请示一下，领导同意后再去执行。

西餐礼仪

我认为，吃西餐在很大程度上是在吃情调：大理石的壁炉、熠熠闪光的水晶灯、银色的烛台、缤纷的美酒，再加上就餐者优雅的举止，这本身就是一幅动人的画面。当然，吃西餐时需要注意的礼仪也是很多的。

（1）洗手

吃水果时，有些西餐厅会上洗手钵，水中常撒花瓣一枚。记住，只洗手指尖，不要把整个手伸进去。

（2）喝酒

西餐对每种酒如何饮用有一些讲究，例如，食生蚝或其他贝类海鲜时配无甜味的白葡萄酒，吃鱼时可以配任何白葡萄酒，但不宜过甜。

（3）餐巾

西餐厅的餐桌上都有餐巾，一般都与桌布配套，或抽纱，或刺绣，力求美观大方。餐巾一般洗净熨平折后置于餐盘中。等大家都坐好后才能使用餐巾，不要用餐巾擦拭餐具。

（4）坐姿

就座时，身体要端正，手肘不要放在桌面上，不要跷二郎腿，与餐桌的距离以便于使用餐具为宜。已摆好的餐具不要随意摆弄，把餐巾对折轻轻放在膝上。

（5）吃饭

右手拿刀，左手握叉。牛排要吃一块、切一块。切牛排时应由外侧向内侧切。一次没切下来，可以再切一次，不能以拉锯的方式切，也不要拉扯。切肉要大小适度，不要大块塞进嘴里。猪排、羊肉都要熟透，吃法与吃牛排相同。在正式场合，炸鸡或烤鸡也要用刀叉吃。

吃肉的时候，双唇要合拢，不要出声。口中食物未吞下的时候，不要再将食物送入口中，不要狼吞虎咽。肉类不可切成碎块，此举不雅，而且肉汁流失，味道也大打折扣。

面包要撕成小片吃，吃一片撕一片，不能直接用嘴咬。如果要涂黄油，也不能直接整片涂，而要先撕下小片，涂在小片上，再送入口中。撕面包时，最好用碟子接着，不要让面包屑直接落到餐桌上。面包不能用刀子切割，直接用手撕。

食用多汁的水果如西瓜、柚子时应该用匙。粒状水果如葡萄可以用手抓。葡萄连籽吃，如果要吐籽，应该先吐到手掌上，再放到碟子里。汁比较少的水果如苹果、柿子可以切成四片，再削皮用刀叉吃。

（6）喝汤

喝汤时不能发出声音，也不能端起来喝。喝汤必须借助汤匙，汤匙要向外舀。

（7）刀叉使用

使用刀叉进餐时，从外侧往内侧取用刀叉，左手持叉，右手持刀。切东西时，左手拿叉按住食物，右手执刀将其锯切成小块，然后用叉子送入口中。使用刀时，刀刃不可向外。进餐过程中放下刀叉时，应摆成"八"字形，分别放在餐盘边上。刀刃朝向自身，表示还要继续吃。每吃完一道菜，将刀叉并拢放在盘中。如果需要谈话，可以拿着刀叉，无须放下。

不用刀时，也可以用右手持叉，但需做手势时，就应放下刀叉，千万不可手执刀叉在空中挥舞。不要一手拿刀或叉，另一只手拿餐巾擦嘴；也不可一手拿酒杯，另一只手拿叉取菜。任何时候都不可将刀叉的一端放在盘上，另一端放在桌上。每次送入口中的食物不宜过多，咀嚼时不要说话。

6. 涉外礼仪

如果是招待外宾，需要注意的事情就更多了。就算是在国内，不同地区的饮食差异也非常大，有时候大到难以理解。很多我们觉得非常好的东西，在别人看来可能真的不怎么样，甚至是非常不好的东西。例如，我们认为吃面条时发出"呼噜呼噜"的声音很粗鲁，但日本人认为吃面时自然地发出轻微的声音非但不粗鲁，反而是对厨师的赞美。

各个国家都有自己的就餐礼仪。例如，在日本寿司要一口吃掉，而且应该用鱼生的部分而不是米饭的部分蘸酱油。在瑞典，碰杯被认为是不礼貌的，除非说"干杯"时。在俄罗斯，伏特加是用来敬酒的，不能啜饮；男士要一饮而尽，女士则不用；一定不要将伏特加与其他饮料混合，也不要稀释它；不要将空瓶放在桌上，要放在地上。在墨西哥，就餐并不是填饱肚子那么简单，还是一种社交，午餐很少会匆匆结束，晚饭一般要吃上好几个小时。因此，在和不同国家的人打交道时，一定要提前了解他们国家的风俗习惯，避免出现一些常识性错误。

商务礼仪，说到底就是一个"礼"字。礼，其实就是对他人的尊重。我们想表现自己对他人的在意程度，想表现我们非常重视他人，所以才有了各种各样的礼仪。

在学校里，很少有人会刻意地去学习商务礼仪，所以很多人对此不太重视。但是，职场不会给我们太多尝试和犯错的机会，功夫在诗外，平时多想、多学、多看总是没错的。

！ 案例分析

这一天，小米刚上班，领导就说："小米，今天下班之后跟我一块去跟李总吃个饭。你已经来了一段时间了，这次跟我一块去，熟悉熟悉，以后还有很多工作要跟李总和他的秘书对接。"

小米入职以来第一次跟着领导参加宴请，紧张忐忑了一天，终于熬到了下班。跟着领导一起来到餐厅时，李总和他的秘书也刚到。几个人一起进入餐厅，小米一边保持着微笑，一边在心里默念看了一天的就餐礼仪。看到大家都坐下了，小米赶紧给两位领导和另一位秘书倒茶。看着领导满意的微笑，小米终于放松下来。

不一会儿，菜就上来了，领导示意小米倒酒，小米赶紧拿起红酒瓶，说："久闻李总大名，今天见到真人了，感觉太荣幸了，我为各位领导满上。"说着小米先给李总倒酒，拿起酒瓶，小米才发现忘了倒多少合适了。

一边倒，小米一边暗暗往领导那边瞟，看领导有没有什么提示。领导脱口而出"这些就够了，不要倒那么满，小米"，都没拦住小米。小米暗叫一声"糟糕"，赶紧收住。李总面前已经摆了一杯倒得满满的红酒，显然酒倒得太多了。领导赶紧帮忙圆场："你这孩子怎么回事，是头一次见到李总太激动了吗？"小米红着脸，尴尬地笑笑，赶紧给剩下的两位倒上酒。

领导一看，酒倒上了，菜也上了几个了，可以开始了，就清了清嗓子说："今天非常高兴能把李总和大秘请过来，咱们也有些日子没聚了。实在是想念李总了，咱们今天必须得聚聚了。顺便也让这俩小孩互相熟悉一下，后面咱们好多事还需要他们两个对接。来！各位，为了小别重聚，咱们干了这杯！"大家都举杯的时候，小米习惯性拿起手机准备拍照留念，没想到马上就被领导在桌子底下踢了一脚。小米心想："完蛋了，又犯错了！"

小米赶紧放下手机，打起十二分精神，内心十二万分忐忑地吃完了这顿饭。好在后面小米少说少做，倒也没再收到领导的"眼神杀"和"无影脚"。

刚送走李总和他的秘书，领导的脸就黑了，厉声问小米："知道你今天犯了多蠢的错误吗？怎么能把红酒倒满呢？还拍照！"小米尴尬地低下头赶紧认错。回家后，小米复盘自己的第一次商务宴请，才意识到自己犯了多么低级的错误。首先，红酒倒多少，白酒倒多少，啤酒倒多少，都属于宴请常识，实在不应该出错，怪不得当时领导的脸都快绿了。然后，在饭桌上不应该拍照，不仅仅是今天的场合，就算是见非常熟悉的合作伙伴，也不可以拍照。在职场中应该有保密意识，尤其是做秘书的，你无心发一张图片到朋友圈，难保别人不会多想。这一张图片会不会引发意外的风波是谁也无法预料的。因此，虽然是在吃饭，但只不过是把办公地点从办公室移到了餐厅。虽然从时间上看，小米已经下班了，但只要还有领导，还有客户，就要保持工作状态。秘书的一言一行都代表着公司形象，必须谨言慎行。

小米叹了口气，默默地告诉自己，这种错误以后绝对不能再犯了。晚上回到自己的屋里，小米翻到笔记本第三页，写下了今天的收获：

» 第一次订餐厅要提前去现场看一下；

» 啤酒可以倒满，但红酒不可以；

» 非必要或未经领导同意，在商务场合不要拍照；

» 参加商务宴请不是去吃饭的，去之前先吃半饱；

» 不要犯低级错误。

常用清单及模板

常用清单

商务礼仪清单

常用模板

模板 9：常去餐厅明细表

第 6 章

大人物更在意小细节：商务接待

本章思维导图

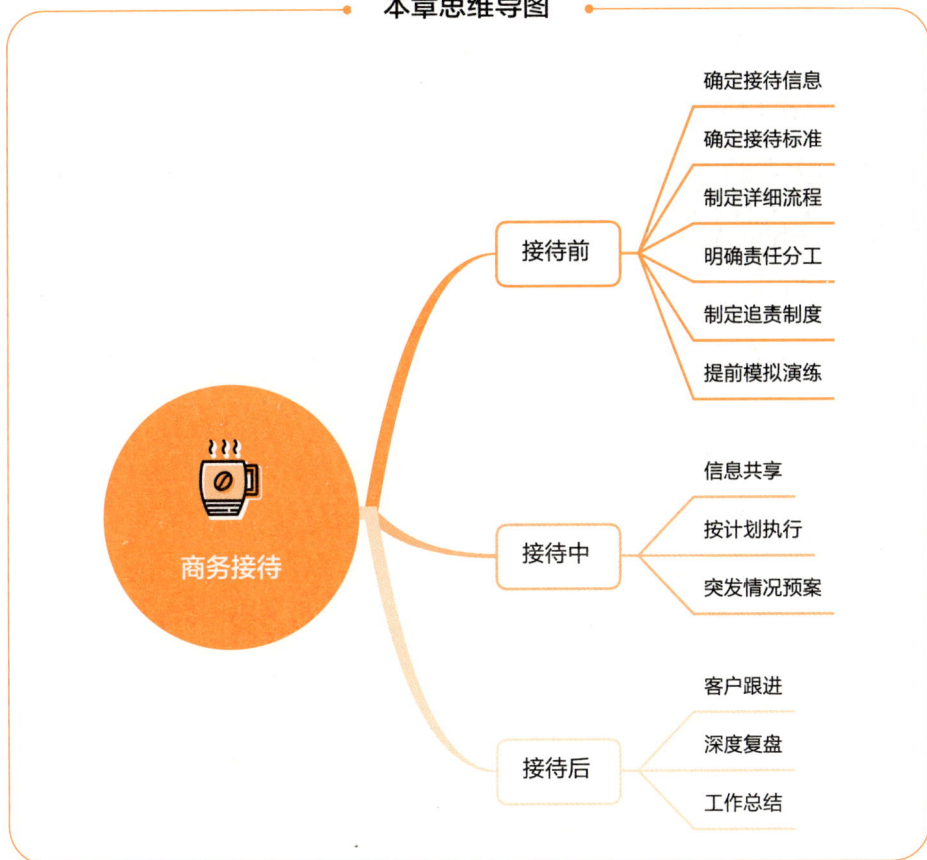

对秘书来说，商务接待是十分重要也十分常见的工作。商务接待一般可以分为政府领导参观视察、外商考察参观和合作伙伴业务洽谈等，每种

情况需要做的准备工作各有不同。

我们一般把接待分为三个部分来做，即接待前、接待中和接待后。

1. 接待前

确定接待信息

这一步可以用一个公式概括——5W1H，即目的（Why）、内容（What）、时间（When）、地点（Where）、人（Who）和预算（How much）。

（1）目的

这是最关键的信息。例如，合作伙伴前来洽谈，我们需要知道现在进展到了哪个阶段，对方这次过来的目的是初次考察还是二次洽谈，之前和谁谈的，谈到了哪个环节，此次我方接待的目的是什么，等等。

搞清楚商务接待的目的一般有两种方式。

第一种方式是直接和领导沟通。很多时候，直接问领导是了解相关信息最快的方式，刚入行的秘书可能会比较紧张，不太敢直接和领导沟通。其实，好的问题反而能激发领导的表达意愿。

第二种方式是根据自己对实际情况的把握进行推断。秘书需要跟进领导的很多工作，如果跟领导的时间比较久，很多事情不用领导说也能知道。例如，第一次谈判就是你跟进的，那么上次谈判的情况和细节你就有了第一手资料。对于这次谈判的目的，你也能做出一个比较准确的推断。

（2）内容

要搞清楚客人来谈什么，需要准备什么。

（3）时间

要明确客人哪天来，停留多久，哪一天回去。如果是国外客人，至少要提前一个月开始沟通，因为有很多事项需要提前准备，如办护照、办签证等。

（4）地点

弄清楚客户在哪里落地，来了之后住在哪里，在哪里吃饭，去哪里参观等。

（5）人

提前确认有哪些人及他们的职务、名字、性别、年龄等。尤其是在安排住宿的时候，你会发现这些信息非常重要。例如，高层领导和中层领导适不适合安排在同一个楼层，哪些人可以住同一个房间，这些信息都是可以提前知道的。

（6）预算

预算非常重要，领导给多少预算，就说明在他心里这件事情的重要程度有多高。

确定接待标准

每家公司都有自己的制度，接待不同的客户时应该采用不同的标准。成熟的公司往往有接待不同客户的明确标准和流程。

接待标准一般根据客人身份和要谈的事情的重要程度确定。

第一，看对方是谁，是本公司领导还是公司之外的客人，是公司高层还是公司中层。如果对方级别比较高，那么我方也必须安排一位级别相当的领导陪同。

第二，看要谈的事情的重要程度。如果只是正常的商务谈判，按常规流程安排好就可以了。如果是行业巨头过来实地考察，对公司的影响很大，就要提前动员包括领导和员工在内的全体人员。

制定详细流程

流程越详细越好，从制作接待日程表开始，每个环节、每个细节都要提前考虑到。有句话叫"提前想到事事周到，事后找补事事难圆"，这句话充分说明了事前准备的重要性。

（1）制定接待方案和接待日程表

前期方案一定要做细，列清楚需要对接的行程和人员，提前安排好酒店、餐厅，还要安排好车辆、司机等，重点环境、重点场所必须现场踩点。接待方案主要包括日程表、人员名单（包含来访和陪同人员的具体信息），日程表要详细列出各个时间段、做什么事、参加人、对接人、责任人、联系方式、地点等信息。以车辆安排为例，要列明车牌、型号、司机、电话、乘客等信息。

（2）机场接机／车站接站

如果是重要的客人，就要安排司机和接机（站）人。如果客户非常重要，就要请副总甚至总经理亲自去接。出发前要检查车辆状况、卫生状况、车内物品是否齐全。去接机（站）时一般需要准备指示牌，如果对方是女士且对花不过敏，可以准备一束鲜花。

前面介绍商务宴请的时候说过，秘书手里得有几家不错的餐厅，想预订的时候打个电话就能订上。同样的道理，秘书手里也得有做条幅、订鲜花的相关资源。不管事大事小，只要你做得比别人快、比别人好，就是自己的优势。积土成丘，细微的优势累积起来也可以变成很大的优势。

如果是异地领导或国外客人来访，就可能涉及用餐、住宿的安排。如果是这种情况，需要注意的细节就更多了，例如，要和对方秘书、随行负责人对接，试住酒店、试吃餐品等。接到人后要协助办理入住，并记得提前把行程表、公司资料、问候函、欢迎水果盘（干果、新鲜水果等都可以）、矿泉水、手写卡片、鲜花等放到客人房间里。

（3）接待组提前等待

提前确定是否需要安排接待组提前等待，需要的话，要确定是在机场还是公司门口等待。如果是在公司门口，就提前 15 分钟左右通知接待组到公司门口或指定地点准备接待，让客人一到目的地就能看到大家都在等他，其心理感受会比较好。

（4）氛围装饰

氛围装饰以干净整洁大气为宜，不宜过于花哨。礼仪人员最好选个头、身材差不多的，服装也要统一，这样显得公司很有实力，而且很重视对方。

如果接待标准较高，一定要提前准备拍照背景，或者提前安排好几个拍照地点。如果没有提前准备，采用现场抓拍的方式，就很容易出现要宣传了却找不到合适素材的情况。

（5）公司 / 工厂 / 重点项目参观

提前确定去哪些地方参观及参观顺序。例如，如果要参观工厂，就要提前和厂长沟通好哪里可以参观、哪里可以拍照。因为涉及保密问题，有些地方是不可以拍照的。这些事情一定要提前沟通好，如果事先不沟通，到了现场客户手快给拍了下来，气氛就会变得很尴尬。另外，要在工厂的入口处放安全防护用的护目镜、防噪声耳塞、帽子、手套、鞋套等，这些东西会让客人觉得公司管理很规范。

在参观过程中，我们要展示什么、重点环节有哪些要根据对方的来访目的而定。先明确对方的来访目的，再决定是展示最新的产品，还是展示最新的技术，是展示公司雄厚的实力，还是展示高素质的团队。

确定展示内容之后还要确定展示顺序、展示方式和展示人。好的环节设计能给客人留下深刻的印象，帮助公司拿到订单，而平淡无奇的设计可能会让公司失去对方的投资。

（6）双方会谈

会谈一般安排在会客室或会议室。要提前准备好旗帜、横幅、易拉宝、公司介绍视频、公司资料等。公司最好有专门制作的对外宣传视频和资料，这样能保证公司对外形象的统一。

如果接待的是外宾，还需要安排翻译人员，最好提前过一遍翻译稿。现在市面上不专业的翻译人员也不少，别让翻译人员的不专业毁掉精心的准备。

会议室内的物品和平时开会时基本相同，一般准备鲜花、水、桌签、纸笔、茶水杯、茶点、笔纸、干湿纸巾、投影设备、PPT、摄影摄像设备等就可以了。设备都要提前调试好，会议前半小时再次调试。IT、行政等支持人员要随时待命。

放桌签的时候要注意座次。PPT可以做成双语版的，不管对方是不是外宾，至少显得公司很国际化。这也是会英语的秘书机会更多的原因，因为他们英语好，拥有更多的表现机会。我了解到，有一位在三线城市工作的秘书就是因为可以做会议同传和交传口译，工资比一些在一线城市工作的秘书都要高。

（7）商务宴请

参观结束之后，下一项一般就是商务宴请。

商务礼仪前面已经介绍过，这里只强调三点：

- 确定陪同领导的级别，哪位领导或哪几位领导作陪，每位领导的
  角色；
- 确定参与人，不是所有参与接待的人员都要参与宴请；
- 确定宴请标准，所有要花钱的事情一定要提前确定预算。

（8）陪同旅游

如果是从外地或国外来的客人，谈完正事之后一般都要安排当地特色景点旅游。除非客人坚持自己出去，否则一般都要安排一个人跟着去做导游。例如，在北京的话，就可以带着客人逛逛天安门、长城、颐和园这些知名景点，去全聚德吃顿烤鸭等。如果是外宾，还需要安排翻译人员，或者直接安排一位会英语的导游。这时，英语较好的秘书很可能会承担这个角色。

（9）临别送行

如果公司有自己的产品且方便携带，一般都会向客人赠送一些精美的体验品或伴手礼，有时候也会专门定制一些带公司标志的纪念品或小礼品。

临别送行时依然要根据客人的身份和这次谈的事情的重要程度决定送客人送到哪里，有的送到公司门口即可，有的必须送到机场或车站。

明确责任分工

在制定接待流程和制作日程表的时候，要划分好每个部门、每个人的职责，保证人人有事做、事事有人做。每个环节都要安排专人负责，如安保是谁、素材收集由谁负责、现场拍摄由谁完成等。

以现场拍摄为例，要和负责拍摄的人提前沟通好细节，说好主要人物

怎么拍摄，他们将在哪里交谈，要抓拍什么场景等。你能安排到多细，就有可能执行到多细。99%的人都是你安排到哪里，他们就执行到哪里。事情能做到什么程度，主要看的是你这个主帅的统筹和指挥能力，而不是执行人员的觉悟。

制定追责制度

丑话说在前面不容易得罪人，制度定在前面可以减少失误。每个人该做什么事情、什么时间做完、做到什么程度、应该交付什么成果都要事先说得清清楚楚，这样事后轻轻松松地验收就好了。把话说清楚也是秘书作为接待负责人应尽的责任。

提前模拟演练

如果是非常重要的客人，领导就会亲自上场，带领全公司做接待演练。如果是一般的客户，就不会搞这么大的阵仗了，别的部门也不太可能配合预演。这个时候，秘书就要自己演练了。

制定好接待流程后，要在脑子里过几遍，每个环节走一走，就像在脑子里过电影一样。我自己做接待的时候就发现，几乎每一遍预演都会发现新的被遗漏的细节。脑子里多过几遍，很多第一次准备时没想到的问题就会自动浮现出来。

越重要的客户，接待工作的容错率越低，相应的准备也要越周密。例如，有一次，我们安排了几乎完美的商务接待，所有的环节都按计划执行，没有出现任何纰漏。唯独在拍合影的时候，因为没有提前安排站位表，现场花了10分钟都没排好站位，最后草草地照了一张。但是，这一点点瑕疵很可能成为整个接待过程中对方印象最深刻的事情。

2. 接待中

对商务接待来说，最重要的是前期准备工作，准备越充分，接待就越接近于完美。前期做好准备，接待过程中的事情就简单多了，主要做好以下三个方面的工作就可以了。

信息共享

首先，告知对方每个流程的大概时间，给对方一个提前准备的时间。最好提前发给对方详细的日程表，给对方留足准备时间。

其次，把信息共享给接待组的所有成员，这样做可以避免很多麻烦。有时候，同事因为各种原因擅自更改接待的细节，不仅惹出麻烦，还找一堆理由卸责："我觉得这样做更好，我不知道啊，没人通知我啊……"。

提前把信息共享给所有人，既能给大家一个做事的依据，也便于划分责任。信息最好落实到纸面上，每人发一份接待流程，什么时间谁干什么活儿、前面的人干什么、后边的人干什么、每个人承担什么责任全都写得清清楚楚。

最后，通知酒店和餐厅。人在职场，要学会善用资源，借助别人的力量完成任务。星级酒店和高档餐厅的价格昂贵，这是有道理的，除了品牌溢价的因素，它们都提供十分专业、细致入微的服务。公司的客户在这里消费了，有没有享受应有的服务呢？如果酒店提前准备好了鲜花、卡片、矿泉水，就既减轻了秘书的工作量，又为公司节省了一笔费用。

按计划执行

开车时最重要的两件事是控制方向盘和踩刹车，秘书在做商务接待时也是一样的。

尽量按计划执行，不要把辛辛苦苦做的准备方案抛到一边，临时拍脑袋决定事情。在过程中尽量控制每件事情的走向，尽量让事情按照计划走。

特别关注重点人。每个团队都有比较弱或不太配合的成员，这些人是团队的短板，决定了这次团队作战的最低成绩。关注这些人可以拉高平均分。

如果现场发现原计划不合适的地方，就要及时踩刹车，及时跟领导汇报，寻求解决方案，或者带着第二方案立刻请示领导。

针对重要环节，一定要提前做好备用方案，如果现场发生问题，就可以立刻调整。例如，在接待的过程中突然发现跟工厂沟通有误，今天工厂的车间不能让客人参观，但我们已经告知客人今天有工厂参观这个项目，这时应该怎么办呢？只能马上决断，跟领导请示后，再跟客人协商改换其他项目或临时取消这个项目。因此，在准备阶段一定要把工作做细致，90%的问题都是可以事先避免的。

突发情况预案

俗话说："人算不如天算。"有时候，计划做得非常完美，但现场执行时总是会遇到这样那样的状况：小到话筒突然发生故障，大到工厂突发事故无法参观；负责接待的领导被堵在路上，无法准时到达公司；客户突然发生花粉过敏，需要紧急送医。无法预料的事情有很多，虽然我们无法百分之百预料到，但可以通过规避和准备应急预案来尽量降低突发事件造成的影响。

在接待的过程中，如果秘书担任负责人，那么最好不要给自己安排事务性工作，把自己抽离出来，充分发挥统筹调动、机动补位的作用。

3. 接待后

接待任务完成后，客人离开了，但我们还有很多工作需要完成。每次接待后都要完成客户跟进、深度复盘和工作总结这三项工作。

针对第一次来的客户，需要跟进后续能不能合作。已经合作过一次的客户往往还会有第二次合作，签完合同还要履行合同，这些都需要跟进。

每次接待完客人，都要从接待效果、执行过程等方面做深度复盘，检查细节是否做到位了，自己的行为举止是否得体，为什么现场会出现突发状况等。没有完美的接待，但通过一次次的复盘，下一次接待可以更接近完美。

工作总结就是整理接待过程中的资料，按"年度＋日期"或"日期＋客人身份"分类，留存照片、议程、视频、录音等资料，按保密程度归档或适时销毁。做秘书，一定要养成标准化作业的习惯。例如，完成接待任务后，把整个流程梳理一遍，形成标准作业程序。

复盘总结既是对自身能力的淬炼提升，又给公司留下了宝贵的经验。对下一次接待、对下一位负责接待的人来说，这些都是宝贵的财富。

! 案例分析 ·····

网上流传着这样一个商务接待的经典案例。

公司迎来了大客户，一行十多人，全程都是由当时领导的秘书 Selina

接待的。

第二天，客户团队里突然有一位高管提出要先回上海。因为事情太紧急，他订了次日早上 6 点半的飞机。

面对大客户，领导也不得不毕恭毕敬，他立马说"我们安排一辆车送您"，然后顺手拉过来站在旁边的我，说"我们的 CFO 会陪同您离开"。作为一个不擅长接待的人，我一脸懵地就接受了一个凌晨陪同送客的任务，内心不断嘀咕着："哎哟，明天 4 点就得出门了！"Selina 听说这个安排，10 分钟之后就主动找到我说："明天我陪你去吧，你放心，所有东西我都会准备好的！"我心里暗暗疑惑："准备？还要准备什么？除了一双凌晨 4 点就要起床的'熊猫眼'。"

第二天 4 点半，我到了客户所在的酒店，Selina 早就在车里面等待了。

客户一上车，Selina 就像变魔法似的掏出了一大袋早餐递给客户："有面包、三明治，还有热的汉堡，您看看喜欢吃哪个？"

我还在半梦半醒中想着有什么好话题和客户聊聊，她又像变魔术一样从包里拿出一个保温杯，还是膳魔师的！她诚恳地说："天气冷，我给您准备了一杯热茶，早上刚泡的。"

客户连声道谢之后，Selina 又从口袋里掏出好几个口罩和感冒药，还很贴心地用一个塑料袋子装起来。她说："吴总，昨天听说您感冒了，我给您准备了口罩和感冒药，待会飞机上吃了正好睡觉，您拿着哈！"

到这里，我确信客户心里已经感动得一把鼻涕一把泪了，只是忍住没流出来。

到了机场，把客户送下车之后，Selina 从车的后备厢里拿出几盒本地特产，一边提着一边说："吴总，这都是当地的好吃的，我给您托运哈！"

老实说，Selina 做的一切都是小事。然而，每一件小事，都让我看见她仿佛在发光。

果然，优秀是有感染力的。

两个星期之后，吴总发微信对我说，送机这么小的事情也能做得这么妥帖的公司，相信做业务也一定不会差。就这样，价值 1 亿元的合作就达成了。

回头想想，Selina 的确是这件事的功臣。我相信，哪怕离开了这家公司，离开了领导秘书这个普通的岗位，她也一定会发展得很好。

这是因为，她身上有一个闪闪发光的亮点，也是优秀的人的共性：将极致作为工作标准，并且将其视为分内事。Selina 后来离开了公司，去了美国，在硅谷一家创业公司找到了市场方面的工作。

像她这样，主动用优秀来要求自己的人，从来不会离优秀太远。

常用清单及模板

常用清单

商务接待清单

常用模板

模板 10：客户来访接待方案

模板 11：客户接待流程

模板 12：客户接待日程表

第 7 章

不开无用的会：会议组织

本章思维导图

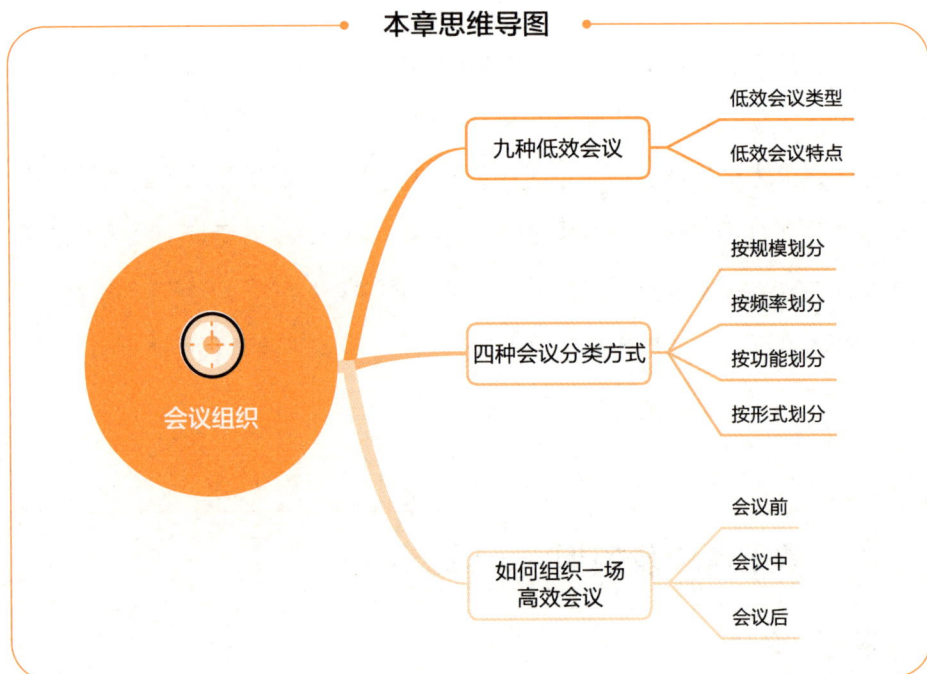

开会是公司里面最常见的工作之一，也是最容易入门但又最不容易做好的一项工作。

说它最容易入门是因为组织一场会议实在是太容易了，发个通知，喊几个人，一场会议就可以开始了。说它最不容易做好是因为开会容易，但开一场高效的会议实在太难了。

开会是管理的一种方式。业内流传着一句话："万达开会没人敢睡。"

万达的会前准备十分详细、会议纪律非常严格，领导以身作则，从不迟到早退，说几点开就几点开，说开到几点就开到几点。万达的会议都很高效，说到底，是因为万达管理得好。

1. 九种低效会议

高效的会议都是相似的，低效的会议各有各的毛病。低效会议常常会出现下列情况：

- 有人迟到；
- 要开始的时候，还有人在问谁要咖啡、谁要茶；
- 还要再花 5 分钟来决定由谁做会议纪要；
- 会议时间不确定、拖拉，长会中间不休息；
- 中途有人接电话或随意走动；
- 会中经常说"这个先放一下，下次再说"；
- 与会者挑战管理者的权威；
- 结束时没有达成任何共识；
- 会后没有检查跟进。

概括起来，低效会议常常具有这样几个特点：会而不议，议而不决，决而不行，行而无果。大家可以想想自己参加过的会议，如果某场会议出现了上述情况中的三条以上，我们就可以将这场会议定性为无效会议或低效会议，这场会开与不开没有太大的区别，甚至开了比不开还要糟糕。低效会议对充满干劲儿的积极员工来说是一种严重的打击，会大大降低他们的工作积极性。

会议不仅是非常重要的沟通工具，也是非常重要的管理工具。各部门通过开会交换信息，领导通过开会布置任务，下属通过会议汇报工作。开会是每一位职场人尤其是秘书绕不开的课题，低效会议则是必须要解决的问题。

作为秘书，能否协助领导高效地开会是检验秘书工作能力的重要标准。

2. 四种会议分类方式

会议的分类方式有很多种，可以按规模、频率、功能、形式等划分。不同的会议有不同的目的、要求和注意事项。

按规模，会议可以分为小型、中型和大型会议。100 人以内属于小型会议，100~1000 人算中型会议，1000 人以上是大型会议。

按频率，会议可以分为定期会议、不定期会议和多次性会议。

按功能，会议可以分为制定决策、贯彻政策、统一思想、提高认识、总结经验、分析问题、研究工作、通报情况、统筹协调、纠正失误、制定对策、解决问题、提出要求的会议等。

按形式，会议可以分为现场会议、电话会议和视频会议。现场会议是最常见也最重要的会议类型。电话会议与现场会议最大的区别就是沟通效率非常低，平时在现场会议中遇到的问题在电话会议中会被放大好多倍。

在开电话会议的时候，需要注意以下几点。

第一，提前 5 到 10 分钟进入会议室。大家都到了，会议组织者还没到，其实是很尴尬的。时间到了，可以先点一下名，让参会者有仪式感。

第二，尽量找一个安静的地方，一定要戴耳机，避免外界干扰。

第三，一定要提前准备。面对面开会时，万一发生一些状况，可以当场处理。例如，资料找不到了，可以马上回办公室找一下。在等待的时候，大家还可以休息一下，一般不会造成太大的问题。但是，开电话会议时，所有人的感受都被放大了，1 分钟就像 10 分钟一样漫长，其他人等待的时候会觉得非常难受。

第四，当面沟通的时候可以使用口头表达加肢体语言，但在开电话会议的时候无法使用肢体语言。肢体语言可以传递非常多的信息，有的时候你不说话，对方一看你的表情就懂了。正因为如此，开电话会议之前一定要准备好，不然会议效率会非常低。

开电话会议时常用的软件有腾讯会议、钉钉和 Skype 等。一般来说，外企比较喜欢用 Skype。

视频会议与电话会议比较相似，因为要出镜，所以在形象和礼仪上的要求比电话会议高一些。Zoom 是现在最受欢迎的视频会议软件之一。举办视频会议之前，一定要提前操作几遍软件。各种视频会议软件使用起来有差别，哪怕你对腾讯会议的操作非常熟练，在使用 Zoom 开视频会议的时候也最好先试几遍。

在实际工作中，最常见的还是现场会议。下面以小型现场例会为例，详细介绍一下如何准备一场会议。

3. 如何组织一场高效会议

会议组织一般可以分为前、中、后三个部分。

会议前

会前要做好四项工作：确定会议目的；确定会议相关信息，关于会议的"人、事、时、地"都要搞清楚；准备会议材料；发布会议通知，让大家知道要开什么会、什么时间开。

（1）确定会议目的

开会的目的大体可以分为两类，要么是收集信息、输出信息，要么是讨论问题、做出决策。如果进一步细分，可以分为摸底、吹风、协调、通气和决策等。

摸底：为了搞清楚现在的工作状况，也为后续决策提供进一步的支持，领导往往会通过开会的方式收集信息。例如，总经理想推行高管学习制，定期组织高管一起上课。大家的主观能动性越强，学习效果越佳，所以在推行高管学习制之前，总经理想先摸摸底，看看大家的学习意愿是否强烈。开这个会的目的是摸底，所以领导会先和大家聊一聊，气氛比较轻松。有时候，领导甚至会带大家出去喝喝茶、爬爬山，让大家在一个非常愉快的环境中说出自己的想法。当大家畅所欲言的时候，领导就了解了大家的真实想法，这场会议的目的自然就达到了。

吹风：当大家对新政策、新制度不太认可，推行有阻力的时候，开会的目的往往是为了吹风。

协调：很多工作需要多个部门协作才能完成，但在部门对接的部分常常会出现界限不明、责任不清等问题。当问题严重到工作无法继续推进的时候，往往需要公司领导出面协调资源及缓解部门之间的紧张关系。

通气：当工作进行到一定阶段的时候，往往需要分享信息，让领导和其他部门的同事知道当前的工作进度。例如，上市公司的财报出来的时候，往往会开高管电话沟通会，这其实就是通气会。

决策：这种会议也很常见，例如，公司每年开工作总结会或计划会就是为了总结当年的工作或规划来年的工作。

（2）确定会议相关信息

确定了会议的目的之后，接下来就要确定"人、事、时、地"。

人：确定主持人、参会人、记录人等。确定相关人员是组织一场高效会议的关键，无关人员不用参加会议，因为没有意义。

事：确定会议议程，一共要做几件事，先做什么后做什么，各个环节怎么设置，每个议题大概花多长时间。

时：确定开始时间、持续时间、休息时间和结束时间。如果会议超过一个小时，中间一定要安排休息时间，连续开一个多小时的会议是非常累的。如果中间有休息环节，一定要提前告诉大家；如果大家不知道中间可以休息，会中一定会有人溜出去上厕所，会场秩序就被破坏了。

地：确定在什么地方开会，是在公司内还是在公司外，在哪个会议室。事先准备好会议要用的计算机、投影设备、转接头、翻页笔、录音笔等，而且一定要提前调试好设备，试一下 PPT 能不能正常播放。

我见过很多人因为没有提前准备好而在现场陷入尴尬，通知上午 8:00 开会，大家 7:50 都到了，结果到了 8:15 会议设备还没调试好，领导和所有部门的负责人干巴巴地等着。这种行为就是在告诉大家你有多不靠谱。尊重是相互的，你不尊重别人的时间，别人当然也不愿意配合你的工作。另外，最好在预订的会议室门上贴个便签，写上几点到几点某个部门要在这里开会，这样会议室就不会被其他同事不小心占用了。当然，大公司往往有内部的会议系统，直接上系统预订即可。

（3）准备会议材料

会议背景材料、发言稿、主持稿、会议 PPT 等都要提前准备好。会议背景材料要提前打印好，摆在桌子上。通知上午 8：00 开会，大家 7：50 都来了，看到材料一份一份整整齐齐摆在桌上，会议 PPT 投影在屏幕上，谁都会觉得这场会议准备得还不错，参会心情也是比较愉悦的，后面谈事情也好谈。如果大家都过来了，看到会议室里椅子乱七八糟的，还有两个无关人员正坐在那里聊天，说不定人家转身就回去了，再把他们喊过来的时候肯定就迟到了。这事还真怪不得别人，人家是按时间来的，怪你自己没准备好。

我之前见过一个项目经理，他在某场会议邀请了几个项目团队的十几个人同时开会。很多项目团队成员都是新人，只知道要参加这场会议，但是对哪些环节与自己相关就不清楚了。这导致会议过程中不断有人询问基本的项目背景信息，会议严重超时，会议决议也难以落实。后来有人跟他沟通了此事，之后他每次开会都会准备项目背景材料及问题清单等会议材料，会议效率大大提高了。

（4）发布会议通知

会议通知至少提前一天发，早上 8：00 了你才通知人家 9：00 开会，人家不讨厌你才怪。每个部门都有自己的工作计划，更何况很多会议都需要公司高管参加，每一位高管都有很多工作要做，原本人家准备商务 10：00 组织自己的部门开会，提前 3 天就安排好了，结果你一个消息就把人家的计划全都打乱了，所有人都得跟着你调整时间。如果这样做秘书，恐怕很难干满三个月。

会议中

在开会过程中要做好六个方面，即做好会议主持，把控会议走向，控制会议时间，维护会议秩序，写好会议纪要，形成会议决议。

（1）做好会议主持

有的秘书在开会时要负责主持工作。我的建议是，一定要把握住每一次公开发言的机会。主持会议是非常好的公开发言的机会，在职场中，话语权等于影响力。会议主持人是把控会议走向的关键人物。

会议主持比较简单，一般分为开场、串场和收尾。

开场要热情洋溢，和参会者打招呼，介绍一下会议背景，强调一下会议目的就可以了。尽量避免一句话开场，"大家好，今天的会议开始"之类的开场显得太敷衍了。

串场需要一点功底，主持人要能起到承上启下的作用，总结上一位的发言，介绍下一位的发言。

收尾和开场一样，不要一句话结束，"好，今天会议开完了，大家散会吧"之类的收尾是一定要避免的。收尾时最好总结一下会议内容，包括说了几个点，安排了几件事，都由谁负责，什么时间完成，以什么方式提交什么成果、提交给谁等。收尾时最重要的事情是将会上形成的决议与每个相关人员确认好，防止有人会后不认账。

（2）把控会议走向

总有人在会上把话题带偏，上一秒大家还在讨论怎么完成这个季度的业绩指标，下一秒就开始讨论中午吃什么好的情况十分常见。当遇到这种情况时，不要犹豫，直接打断。

有些人喜欢头脑风暴，谈到一个问题，就会联想到另外一个问题，然后其他人跟着展开联想。几轮过后，大家都忘了会议原本的主题。当发现参会人员偏离会议主题时，会议组织者要及时提醒，把大家拉回主题。

如果这场会议本来就要进行头脑风暴，希望大家集思广益，贡献聪明才智，就要鼓励联想，思维越发散越好。同时，应该将各种点子都记录下来，然后整理筛选，说不定一个好的创意就此产生。

（3）控制会议时间

如果前期准备工作比较到位，会中按计划执行就可以了。万达的会议组织就比较到位，说几点开始就几点开始，更厉害的是，说几点结束就能几点结束，大部分公司是做不到这一点的。可能每家公司都至少有一位这样的同事，开会一发言就能说一堆，激情四射，就是没逻辑、没重点。遇到这种情况，该打断就打断。在会议过程中，如果某项议程超时，后面那些优先级不是太高的议程就要加快速度，尽量控制好会议时间，避免延长会议时间。

（4）维护会议秩序

有人说，高管会的秩序好不好取决于总经理在不在。总经理在的时候，没有迟到早退的，也没有玩手机的、随意走动的。秘书在资历尚浅的时候确实很难独自开会，因此，只要配合好领导，做好会议时间安排，控制好会议节奏，会前强调一下会议秩序就可以了。

（5）写好会议纪要

会议记录是讨论发言的实录，做会议记录考验的是认真听和快速记的能力；会议纪要是在会议记录的基础上，对会议的主要内容及议定事项进行归纳整理而得出的需要贯彻执行或公布实施的具有指导性的文件，写会议纪要考验的是逻辑思维和抓重点的能力。

写会议纪要并不是简单地记录每个人的发言，而是用金字塔原理来加工会议记录，形成结论先行、论据充足、重点突出、条理清晰的会议要点。会议纪要有结论，要能指明方向，也要为消除部门或人员之间的推诿扯皮提供有力的证据。

（6）形成会议决议

这一点是非常需要注意的，因为很多会议都是议而不决，说得挺热闹，热火朝天地讨论了一下午，但是没有得出任何结论。只要开会，就要形成会议决议，明确下一步的计划，谁是负责人、时间节点怎么安排、成果是什么、交付给谁等。

秘书要通过邮件、办公系统或其他途径把会议决议传达给每一位参会人员，避免日后出现推诿扯皮的情况。

会议后

有人说，会议结束的时候才是这场会议真正开始的时候，这句话充分强调了会后跟进的重要性。

（1）整理会议室

开完会要整理会议室，把会场设备恢复原状，带走会场所有的文件及其他物品，回收或销毁多余材料。

（2）发布会议纪要

跟进决议之前要先发布会议纪要，让参会人知道自己需要完成哪些工作。发布会议纪要的时候需要注意以下几点。

- 注意发送范围、文件密级，确定是群发、单独发送还是抄送。
- 写清楚每个人接下来要完成的事情，为后续跟进做好准备，避免出现后续跟进的时候对方说不清楚自己该做什么的情况。

- 发布会议纪要之前一定要仔细检查，争取做到条理清晰、内容规范、文笔出众，至少要保证没有错漏、消灭错别字。

（3）落实会议决议

没有人喜欢被别人盯着、催着工作，那么，如何落实会议决议呢？秘书需要讲究方式方法。提前定期提醒是比较好的方法，也就是提前一个月、一个星期、三天、一天进行提醒。对于周期长的任务，一般都要多次提醒。

拿到参会者提交的成果后要立刻检查，发现问题要立刻沟通，这是效率最高的做法。如果秘书只是把自己当成传声筒，收上来的东西看也不看，一股脑全都交上去，很可能随后就会发现很多问题。有时候，秘书拿到参会者提交的成果之后没有立刻检查，等发现问题的时候，可能连对方的人都找不到了，因为有的时候就是很巧，对方刚提交了材料就出差去了。秘书不检查会议成果、不及时反馈问题，往往会让自己陷入被动。

（4）会议文件存档

有些人有一个很不好的工作习惯，他们觉得某些文档好像没用了，就马上删了。这种做法不仅可能导致重要材料被误删，还会让日后做同类工作时没有参考依据。因此，秘书最好备份一下所有经手的文件，以防万一。

很少有人会去计算开会的成本，实际上开会的成本往往非常高。开会的成本主要分为三个部分，即直接成本、时间成本和机会成本。

直接成本包括场地租用费、装饰费、资料打印费、差旅费、参会人的工资等。你知道领导给 5 位年薪上百万元的高管开 1 个小时的会成本有多高吗？只算这些高管的成本，就已经差不多有 3000 块钱了，再加上领导的成本，这个数字翻一番都打不住。开一个小时会，往往几千块钱甚至上万块钱就没有了，开会的成本是很高的。

时间成本是隐性成本，其影响更深远。本来，一天的工作时间是 8 个小时，参加了这场会议，就没有时间去做另外一件事情。如果会议非常低效，就会造成严重的时间浪费，还会引发负面情绪，这些都会给未来的工作埋下很大的隐患。

机会成本往往容易被忽视。很多人都有过这种体会：本来可以正常下班，就因为临时通知要开会，导致下班的时候还有很多工作没做完，只好加班。如果某些"重要会议"耽误了别人完成另外一件更重要的工作，就会使公司丧失一些潜在的机会，这也是一种成本。

因此，组织高效的会议其实是在帮助公司节省成本、增加收益。从这个角度来说，秘书做好会议组织工作可以为公司创造意想不到的、巨大的价值。

！ 案例分析

最近小米特别忙，因为公司马上要办一场大型的新品展销会，来参会的都是各大公司的高层领导。这场活动得到了媒体的广泛关注，公司领导非常重视，已经带着小米和行政部的同事忙活了好几天。在这场展销会上需要用大型 LED 显示屏播放公司宣传片，领导把租赁设备和制作 PPT 的任务交给了小米。

小米赶紧开始准备，为了保证效果，还找市场部、策划部的同事要了很多素材，熬了几个通宵做了一份精美的 PPT。到了展销会前一天，租赁公司送来设备，小米拷了一份 PPT 去试效果。插上 U 盘，打开 PPT，小米就傻眼了：PPT尺寸不对，里面的内容和图片都变形了！小米赶紧跟租赁公司的员工请教："您经常租设备，知道别的公司是怎么弄的吗？为什么我们这个PPT播放出来效果这么差啊？"租赁公司的员工想了想，说："你看看是不是尺寸不对，我记得之前有家公司好像也是这样的，他们说好像是尺寸的问题。"小米连忙上网查，这才知道使用这种宽屏时需要修改PPT尺寸，和平时常用的4∶3、16∶9的PPT尺寸不一样。

小米暗自庆幸，幸亏提前试了一下，不然现场直接用就糟糕了。小米把PPT尺寸修改完，这次多了个心眼，又把PPT拿去试了一遍，又发现一个新的问题。因为屏幕很大，原来在计算机屏幕上看起来非常清楚的照片在大屏幕上就像打了马赛克一样"糊"。于是，她重新拍了一些照片，找同事要了一些新照片，七改八改，终于赶在展销会前弄完了。

展销会是上午10∶00开始，PPT放映时间是10∶15。小米一看表，已经快10∶00了，领导也准备上台讲话了，就想着把屏幕提前打开，过一会儿直接播放PPT。没想到，之前调试好的设备突然罢工，死活打不开了！小米急出了一身汗，重新试了好几次都不行，赶紧给租赁公司打电话。万幸租赁公司的员工接电话比较快，立刻安排维修人员赶到现场。小米算了一下时间，租赁公司的人过来至少需要15分钟，检查维修怎么也得15分钟，PPT的放映时间必须往后调。小米马上向领导汇报，挨了一顿批评之后，领导说调到11∶00播放也可以，让小米在这一个小时内赶紧把设备问题解决了。

不幸中的万幸，租赁公司的人很快到了，设备问题也解决了，这次展销会有惊无险地举办完了。

虽然领导没有再批评小米，但小米在复盘的时候想，这次展销会可着实积累了不少经验教训呢！

» 做 PPT 之前先看播放环境，不同的播放环境需要的尺寸不一样；

» 选用 PPT 素材时同样要考虑播放环境，屏幕越大，清晰度就要越高；

» 租赁设备发生问题时可咨询租赁方，说不定对方也遇到过类似的情况；

» 现场使用设备前 30 分钟再次进行调试；

» 重要会议现场一定要留技术人员，让其随时准备提供支持。

常用清单及模板

常用清单

会务管理清单

常用模板

模板 13：年度经营计划讨论会通知

模板 14：述职会通知

模板 15：例会通知

模板 16：暂停例会通知

模板 17：会议召开通知

模板 18：会议记录表

模板 19：会议议程表

模板 20：会议座次安排表

模板 21：会议签到表

模板 22：早会会议纪要

模板 23：会议纪要

模板 24：董事会会议决议

模板 25：座谈会会议纪要

模板 26：会议决议执行追踪及反馈表

第 8 章

内容胜过文采：公文写作

本章思维导图

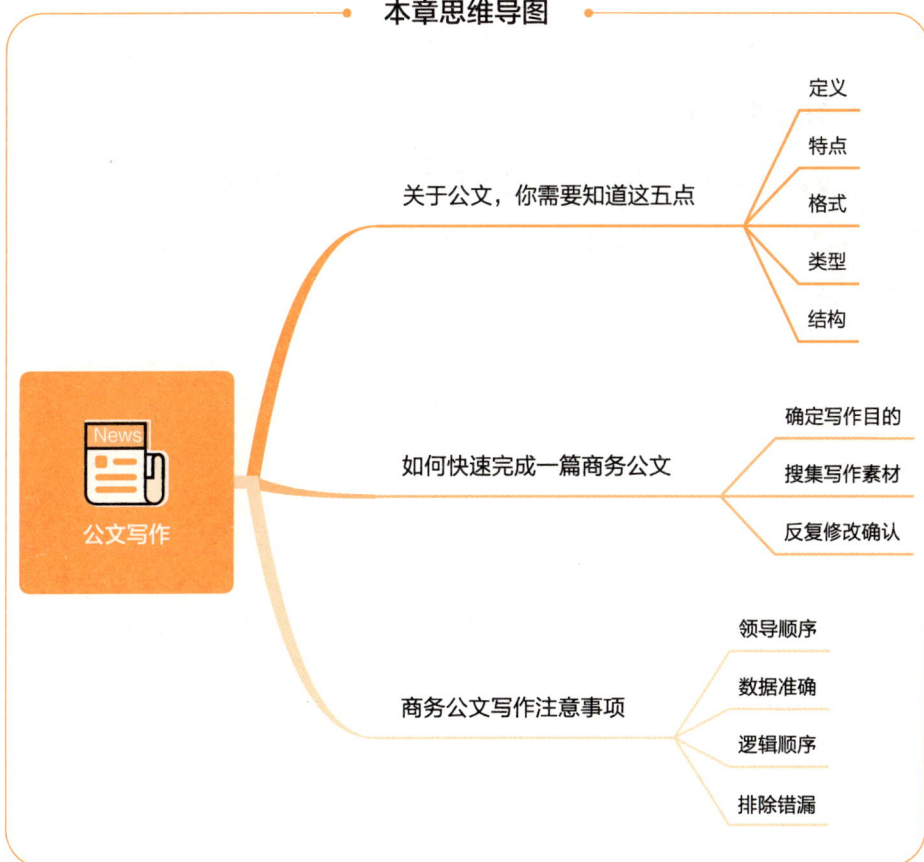

关于公文，你需要知道这五点
- 定义
- 特点
- 格式
- 类型
- 结构

如何快速完成一篇商务公文
- 确定写作目的
- 搜集写作素材
- 反复修改确认

公文写作

商务公文写作注意事项
- 领导顺序
- 数据准确
- 逻辑顺序
- 排除错漏

基本上每一位秘书都要先闯过写材料、做表格、做 PPT 这三关，才有能力承担更重要的工作。其中，写材料就是本章将要介绍的商务公文写作。商务公文写作是一项常见且重要的工作，每一位秘书都应该专门投入时间和精力培养这个方面的能力。

1. 关于公文，你需要知道这五点

商务公文的定义

公文是公务文书的简称，它是各类机关在行政管理过程中为处理公务而按规定格式制作的书面材料。政府公文是所有公文里面最规范、最标准的，其格式、要求都非常固定。

商务公文是商业事务中的公务文书，是企业在生产经营管理活动中产生的，按照严格的、既定的生效程序和规范的格式制定的具有传递信息和记录作用的载体。它是企业经营运作的信息载体，是贯彻企业执行力的重要保障。

秘书在学习商务公文写作时要以政府对外发布的各类公文为典范。例如，政府工作报告格式规范、用词考究，是秘书学习公文写作的极佳参考。

很多人觉得公文难写也难学，但他们定错了学习目标，他们错把"写出有文采的文章"作为学习目标。实际上，一篇合格的商务公文更看重的是内容，而不是文采。打个比方，文采就像拌面上的那一勺浇头。有浇头，面更香；没浇头，面也一样能填饱肚子。但如果只有浇头，没有面，还怎么吃呢？

很多人在学习商务公文写作时常常把力气用错了地方，铆足劲儿看名言名句，学修辞、学润色，但常常以失败告终。如果你并没有以后靠写文章谋生的想法，建议还是先学会怎么快速完成商务公文写作，至于系统地提升写作能力其实可以徐徐图之。

秘书在学习商务公文写作的时候一定要想明白一点：冰冻三尺非一日之寒，写作能力绝不可能在短时间内快速提升。能在短时间内学会的只有写作套路，而我们需要学习的恰恰是这些套路。

商务公文的特点

叶圣陶先生曾说过："公文不一定要好文章，可是必须写得一清二楚，十分明确，句稳词妥，通体通顺，让大家不折不扣地了解你说的是什么。"这番话点名出了公文的特点——简明、准确、朴实、规范。

作为职场书面沟通的载体，商务公文最重要的作用是准确地传达信息。还是那句话，有文采固然好，没文采也不要紧，要紧的是准确。

商务公文的格式

商务公文的格式可以参考 2012 年 7 月 1 日发布的《党政机关公文格式》（GB-T 9704-2012）。该标准明确规定了国家行政机关公文通用的纸张要求、印刷要求、公文中各要素排列顺序和标识规则。

- 公文用纸：一般使用纸张定量为 60g/㎡ ~ 80g/㎡ 的胶版印刷纸或复印纸。纸张白度为 80% ~ 90%，横向耐折度≥15 次，不透明度≥85%，pH 值为 7.5 ~ 9.5。
- 纸张大小：A4 型纸为 210mm × 297mm。
- 字体：如无特殊说明，公文各要素一般用 3 号仿宋体字。特定情况下可做适当调整。

- 行数和字数：一般每面排 22 行，每行排 28 个字，并撑满版心。特定情况下可做适当调整。

这些规则不仅适用于国家各级行政机关制发的公文，商务公文也可以参照执行。

商务公文有哪些类型

行政机关公文包括命令、议案、决定、指示、公告、通告、通知、通报、报告、请示、批复、函、会议纪要等 15 种。

商务公文与此相似，但又略有不同。商务公文常见的类型有通知、会议纪要、总结报告、演讲稿、邮件、合同等。通知、会议纪要有固定的格式，一般直接套用模板就可以了。相对而言，领导演讲稿、主持词、工作报告、述职报告等的可发挥空间更大一些，对写作者的要求也更高一些。大家对通知、纪要、报告都非常熟悉，这里主要介绍一下演讲稿和合同。

（1）演讲稿

演讲的种类有很多，按时间分，有会议开始时的演讲（或叫主持词、欢迎词、开幕词）、会议中期的演讲（或叫主题报告、主体性演讲）、会议结束时的演讲（或叫总结演讲、闭幕词）；按性质和内容分，有总结性演讲、部署性演讲、专题性演讲、综合性演讲等。

这些演讲或报告，都是根据会议的时间、性质、目的、内容，针对特定场合和特定对象进行安排和选择的。各种不同的演讲稿或报告有不同的表现形式和写作要求。演讲稿属于公文，与其他公文（如决议、决定、通知等）既有联系又有区别。

从内容来看，演讲稿与其他公文一样，出发点都是为了落实公司政策、指导工作。其他公文大多是专项性的，侧重于对贯彻某项决策提出明确要求，指示下级应当干什么和怎么干。演讲稿涉及的范围更宽泛一些，在提出工作任务和要求的同时，还侧重于阐明意义，讲出为什么的道理来。

从结构来看，演讲稿也与其他公文一样，由标题和正文两大部分构成，有自己的主题和大致相同的结构。但在具体写法上，演讲稿不像其他公文那样规范，没有固定的格式。当然，也不能随心所欲，想怎么讲就怎么讲。

从风格来看，演讲稿讲究逻辑、修辞，力求简明扼要、通俗易懂。演讲稿作为口头表达的文稿，对文字的口语化、通俗化的要求更高。

演讲稿写作一般可以分为四个步骤。

第一步是摸准领导意图。领导看问题、想工作，往往着眼于全局，视野开阔，注重战略和整体利益。层次越高的领导，这个特点就表现得越明显。这就要求秘书在写作之前要先摸准领导意图，界定写作范围，确定演讲话题。

要明确演讲场合，围绕中心议题来写；要确定哪些人参会，针对他们的身份、兴趣点来写；要明确领导以什么身份出场，按照其会议分工来写。起草前一定要细心倾听领导对打算讲什么、怎么讲的思路，先和领导把演讲稿的大纲确定下来。没弄明白的地方一定要想方设法问清楚，绝不能有侥幸心理。

第二步是收集写作素材。有了大纲，就可以进入素材收集阶段了。写得好的演讲稿应该是写得"像"，你写的稿子，领导读起来感觉很亲切，就像他自己写的。这就要求秘书注意素材的使用。演讲稿的素材一般有两个来源：一是领导经常使用的语言和关键词，二是领导喜欢的演讲稿。

第三步是正式起草。起草的过程实际上是一个再运筹、再思维、再创造的过程。面对一大把素材、一大堆资料，如何具体地表达和深化主题，提炼和阐明观点，组织和取舍材料，理顺和展开层次，以及如何起承转合、遣词造句等，都是艰难的任务。要着眼于应用，着力于写实，做到既要提出和分析问题，又要回答怎么解决问题；既要提出过河任务，又要提供过河方法。尽量做到演讲主题突出，结构框架清晰，逻辑顺序严密，语言风格自然。

第四步是修改定稿。文章千古事，百改不厌烦。好的稿子都是改出来的，完成初稿之后，先自己推敲修改，再发给领导，然后根据领导的修改意见精心打磨。如此几遍，稿子基本就写好了。

秘书学习怎么给领导写演讲稿时，可以参考一本非常好的书——《万达哲学》。这本书不是王健林的著作，而是汇集了20多年来王健林在各处的演讲和这些年来管理企业的经验而著成的一本书。王建林本人文采极好，很多稿子都是自己亲手写的，所以这本书的参考价值比较高。

（2）合同

公司在发展过程中会发生各种经济业务，其中的绝大部分经济活动都需要合同保障，而且其中的有些合同还和我们自身的利益息息相关。

秘书可能会接触到的合同主要有员工管理类合同和公司经营类合同。

员工管理类合同主要包括劳动合同、聘用合同和劳务合同。劳动合同是最常见的用工合同，公司和员工之间签的一般都是劳动合同。签订聘用合同后，员工如果想离职，必须取得用人单位同意。劳务合同只强调雇佣关系或委托关系，被雇佣者只在合同期内提供劳务。建筑公司和承包商之间签订的用工合同就是劳务合同。

公司经营类合同有很多种，包括合伙联营合同、代理经销合同、租赁合同、服务合同等。

合同主要包括下列四大模块。

- 确定交易平台，谁和谁交易，包括合同类型、各方的名称、基本情况描述、签订和履行合同的资格要求等。
- 确定交易内容，解决"干什么"的问题。核心是合同标的，标的是一切合同的主要条款，标的不明确可能导致合同不成立，具体包括所要交易的是何种产品或服务，产品或服务的质量标准，产品或服务的规格、数量、计量单位等。
- 确定交易方式，解决"怎么干"的问题。一般包括提供产品或服务的时间、地点、批次、每一批的数量、结算费用的类别、付款方式、发票的种类和提供方式等。
- 确定问题的处置，解决"出了问题怎么办"的问题。一般要精准地描述违约行为，明确责任承担方式是继续履行还是赔偿损失，或者支付违约金，等等。

合同起草是一项非常复杂的工作，不仅要让合同条款满足交易需要，还要事先发现问题。

在合同的准备阶段，要充分了解业务需求和交易背景，如交易目的、标的情况、交易主体地位、谁强势谁弱势、交易的紧迫程度、对方主体资格、资信能力；要了解己方需求，了解与对方谈判或协商的情况，寻找合同的基础文本；同时还要寻找适当的合同范本，找到尽量多的合同范本。这样做的好处是能够弥补自身思考的局限性，减少起草合同所花的时间和精力。接下来要合理地选择合同范本，综合分析各合同范本，找到基本适用、能够基本满足交易需求的范本。如果所选范本都不适用，可以借鉴其中的某些内容、条款，在此基础上加以修改，增加合适的条款。

接下来要按照合同基本条款划分模块，也可以按照履行的顺序划分模块。如果按照基本条款划分，可以分成交易主体、标的、数量、质量、价款、履行、违约责任和争议解决方式等。如果按照履行的顺序划分，模块就会显得更加直观，特别约定一般放在最后。合同模块还可以根据需要解决的问题，按先后顺序排列。合同模块的划分取决于实际需要。例如，大型成套设备采购合同非常强调采购、安装、调试、验收这些过程及每个过程的质量控制，因此需要对这些专门模块予以特别安排。

最后要确定合同细节。确定合同细节的重点在于控制主动权，控制主动权体现在两个方面：第一是便于己方操作，第二是便于己方解除合同。合同中的权利和义务约定得越复杂，随之而来的操作越复杂。合同是否便于操作与企业的管理水平、员工的素质都有关系。例如，一份服务合同约定，甲方负责对乙方的操作质量进行指导。甲方是服务接受方，他们设置这个条款的目的是为了制约乙方。上述约定中的"负责"二字让甲方背负的义务不便操作。如果乙方违约，就可以辩解这是甲方没有指导造成的。如果将"负责"修改成"有权"，那么甲方既可以指导，也可以不指导，不仅实现了甲方的目的，还不加重自己的责任。总而言之，控制主动权就是要达到进可攻、退可守的目的，进可以在情况不妙的时候解除合同，退能够保证踏踏实实地履行完合同。

商务公文的结构

商务公文的结构大同小异，一般都由四个部分组成，即标题、正文、结语和落款。不同的商务公文可能会略有差别。

（1）通知

标题一般是"发文机关＋事由＋文种"、"事由＋文种"或直接以文种命名。以通知为例，标题可以用"××公司年度经营计划讨论会通知""年度经营计划讨论会通知"，或直接用"通知"。

正文主要用于说明通知的缘由、具体通知事项和对收文单位提出的执行要求。正文应写明具体的会议时间、会议内容、讨论事项和准备工作。

结语一般很简单，可以直接写"特此通知"。在不是非常正式的场合或要求不严格的情况下，也可以省略。

落款处要写明发文单位和成文时间。

年度经营计划讨论会通知

各位领导：

　　《××××年年度经营计划讨论会》将于××××年××月××日（暂定）召开，需要讨论的内容已经使用红字标注，详见附件。请各位领导认真准备，并根据本部门的情况制作 PPT，供会上进行汇报、讨论。

总经办

××××年××月××日

（2）会议纪要

标题一般是"机关＋事由＋文种"或"事由＋文种"，如"××公司关于××的早会会议纪要""关于××的早会会议纪要"。

正文主要包括两个部分，即会议信息和会议内容。会议信息主要包括"人、事、时、地"，如参会人、请假人、主持人、开会时间、开会地点等。会议内容主要记录重要领导发言和会议形成的决议。

结语一般是向收文单位提出希望和要求，也可以直接写在会后决议跟进表中。

与通知一样，会议纪要的落款处要写明发文单位和成文时间。

关于 ××××的早会会议纪要

一、基本信息

　　1. 参会人员：

　　2. 请假人员：

　　3. 会议时间：

　　4. 会议地点：

　　5. 会议主持：

　　6. 会议记录：

二、会议流程

　　本次会议讨论了三个议题，各领导反馈公司运营中存在的问题及需要协调解决的事宜。

　　第一项：

　　第二项：

　　第三项：

总经办

××××年××月××日

（3）总结报告

报告的标题一般是"机关＋事由＋文种"或"事由＋文种"。

正文开头交代缘由、目的、意义等，主体陈述报告事项。

结语处一般写"特此报告""专此报告""以上报告请审阅"等。

落款处要写明发文单位和成文时间。

秘书除了可能要协助完成部门的工作报告，也要完成自己的工作报告。周/季度/年度工作汇报或述职报告一般可以按照绩效考核指标撰写，撰写思路可以参考表8-1。

×××× 年生产部工作总结

　　×××× 年，生产部在公司改革小组和王总指导及生产部全员共同努力下，顺利完成了今年的生产改革任务，生产部各项指标比以前有了较大幅度的提高，基本达到了年初公司对生产部改革的要求。下面就生产部改革前后各项生产指标的变化及生产部全年工作情况，做如下总结：

一、年度数据对比

　　1.

　　2.

二、改革计划进程

　　1.

　　2.

三、安全生产管理

　　1.

　　2.

四、部门团队建设

　　1.

　　2.

五、持续完善提升

　　生产部通过 8 个月的改革，生产效率提高比较明显，员工工作积极性和满意度有了一定的提高。尽管发货准确率和及时率都有所好转，但产品的整体质量还是不尽如人意。生产部计划将 ×××× 年作为质量提升年，无论是现场管理，还是工艺工装方面，都要继续投入精力，加大自检互检力度，并进行适度考核。具体管理计划如下：

　　1.

　　2.

　　以上报告请审阅。

生产部

×××× 年 ×× 月

表 8-1　秘书绩效考核评分项目及标准

评分项目	评分标准
问题分析	是否找到关键数据
	是否找到异常数据背后的关键问题
	是否找到关键问题的解决措施
	是否有将方法变流程、变机制落地执行的计划

（续表）

评分项目	评分标准
亮点萃取	能否展示亮点数据
	能否从亮点数据中萃取经验
	能否将萃取的经验应用在下月工作计划中
工作目标	能否明确下月关键目标
	能否提出实现关键目标的方法和措施（可监督、可落地）

2. 如何快速完成一篇商务公文

一篇公文要经历立意、构思、谋篇、成文这几个环节方能写成。秘书需要完成的商务公文的类型和格式比较固定，往往不需要这么麻烦，完成难度相对较小。

例如，在撰写通知、会议纪要等常见的商务公文时，可以直接套用模板。在百度文库、第一范文网等网站上有各种各样的模板，本书的各章末尾也提供了可参考的模板，这些都可以直接拿来套用。

商务公文大多有自己的行文套路和行文风格，找到高质量的模板，加以模仿，就能写出合格的商务公文。大公司或一些外企管理更加规范，公司公文有统一的模板。这时写公文就更简单了，直接按公司模板填空就可以了。

如果是演讲稿、报告这类有一定发挥空间的公文，怎么才能快速完成呢？

有这样一类领导，他们在安排写作任务的时候，会直接把秘书叫过去，说清楚要讲什么主题，分几个方面，每个方面用什么材料。就像我的前领导，在发表重要讲话之前，她会花很多时间思考怎么呈现，到把写作任务安排给我的时候，我直接执行，把领导的意图落实就行了。

这种情况毕竟少见，在大部分情况下，领导只会给出大概的方向和框架，具体结构和内容需要秘书自行发挥。在这种情况下，我一般是这样处理的：不急于动笔，先确定领导的意图，明确领导想要实现什么目标，这篇文章要用在什么场合，听众是谁，可能会对哪些内容感兴趣。方向确定之后，就要定框架，围绕主题，从几个方面展开论证或描述，明确每个方面侧重讲什么，用什么例子佐证。确定主题和框架可以在领导安排写作任务的时候完成，如果沟通不顺畅，很难立刻确定下来，就跟领导说自己先回去思考一下再来请示汇报。回到办公室，开始找公开材料、过往类似主题材料、领导最近指示、平时的会议纪要及讲话记录，看有没有类似的、可以参考的文件，一般都会有所收获。如果内容还是不全或不够好，再到网上搜索关键词，看看其他人的材料，找找灵感。

在搜索的过程中，我会在手边准备一张白纸和一支笔，把搜索到的每一个可能有用的关键词记录下来，经常搜着搜着、写着写着，框架就出来了，每个主题的案例也有了。这时带着方案再去找领导碰一次，基本上就能确定文章主题、结构和主要内容了。

在写具体内容的时候，要有意识地向领导的喜好靠拢。例如，我的前领导最喜欢"1-3-1 结构"，也就是用一个故事开头，中间辅以三个论点论证，最后进行总结，提炼升华主题。在和领导做前期沟通的时候，我不会再花时间选择结构，而是直接使用"1-3-1 结构"，思考往里边放哪些内容。用词用典也是一样，领导喜欢历史人物，我就举汉武帝、岳家军的例子；领导做事大气、不拘一格，用词时就多参考辛弃疾、苏东坡的作品。

作为秘书，平时要多记录领导的重要发言，多关注领导最近的重点工作，多观察领导最近在看什么书。这样一来，在下笔的时候，自然就有东西可写了。

3. 商务公文写作注意事项

商务公文写作虽然没有那么难，但也有不少需要注意的细节。

- 领导的排位顺序。看到多位领导的名字时，要查看领导的排位顺序是否正确。当领导有多个职务的时候，也要注意职务的排序。

- 数据准确性。演讲稿常常涉及时间、人数、业务指标等，一定要反复核对，确保数据准确无误。秘书提供的很多材料会被直接当作会议的支撑材料，一旦出现数据错误，就会直接影响整场会议的质量。

- 逻辑顺序。一篇完整的演讲稿，无论是内容阐述，还是结构框架，都有内在联系。有些事情有固定的先后顺序，不能随意改变。

- 排除错漏。成文后至少检查三遍，千万不要有错别字或漏项，这是最低级、最扣分、最不能被容忍的错误。

最后，还是想和大家强调一下，完成商务公文写作和提高写作能力是完全不同的两件事情，前者是快速渡过大河，后者是造一艘能过河的船。当时间精力有限的时候，不用拘泥于文采是不是斐然、结构是不是严谨，发通知能说清楚"人、事、时、地"，做会议纪要能列明工作要点就算合格了。写作能力是一项非常重要的基础能力，考验的是一个人的总结能力、提炼能力、观察能力等，绝不是一朝一夕就能提升的。花费过多的时间在文字润色上，反而容易耽误正事。当然，如果时间精力允许，写作能力是非常值得花功夫细磨的，其投资回报率绝对超出你的想象。

！案例分析

公司最近准备邀请集团领导李总经理和赵书记参加新建成的小镇的奠基仪式，领导让小米写一份请示。小米接到任务后埋头敲键盘，一篇稿子很快就出炉了。

关于邀请李总经理、赵书记参加学习基地奠基仪式的请示报告

集团总经理办公室、党委办公室：

根据集团〔2020〕20 号文件《关于设立学习基地的通知》精神，我部成立了专门的基地工程指挥小组，在集团领导的指导和指挥小组的努力下，前期准备工作均已就绪。现定于元月十日举行基地奠基仪式，届时想请李总经理、赵书记参加仪式，请集团总经理办公室、党委办公室提供方便。热切盼望李总经理、赵书记的到来！

以上请示，请予批复。

北京分公司总经理办公室

××××年××月××日

稿子发给领导不到 10 分钟，小米就收到了领导发来的消息："来我办公室一趟。"小米心想，难道是稿子写得有问题？果不其然，小米一进办公室就挨了一顿批评："你这篇稿子是怎么写的？标题有标点我都不说了，李总经理和赵书记谁在前面谁在后面你都搞不清楚吗？这篇稿子问题太大了，回去重写！"

小米有点委屈，回到工位上，就把事情的经过告诉了学姐朱朱。不一会儿，学姐就发来信息："你这篇稿子的问题确实挺多的，我大概列了一下，你照着改改，然后自己也多检查检查。"

» 标题中除了书名号一般不用标点，顿号应该去掉。

» 称谓不确切。李总经理、赵书记应该用全名加职务，集团总部可能有两位李总经理、两位赵书记，不用全名可能引起不必要的麻烦。

» 人物顺序排列不当。一般的排列顺序是书记在总经理前面。

» 混用文种。请示和报告是不同的文种，不能混为一谈，这次写的是请示，应该去掉"报告"二字。

» 多头请示。请示和报告一般只写一个主送部门，其他部门应该采用抄送的形式。这里应该主送党委办公室，抄送总经理办公室。

» 数字用错。数字应该用阿拉伯数字，"元月十日"应该改成"1月10日"。

» 用词不当。上行文要注意行文语气，"请集团总经理办公室、党委办公室提供方便。热切盼望李总经理、赵书记的到来"这句话感情色彩过浓。

» 信息不准确。全文没有奠基仪式的具体时间、具体地点。

小米看着学姐发来的这一大堆问题，一点也不觉得委屈了，怪不得领导会批评自己呢，这次写得也太差了！小米按照学姐的修改意见，认认真真地把稿子改了一遍，还到网上找了好多范文参考，终于在下班前改好了。

晚上回到家，小米翻到成长日记第五页，写下了今天的收获：

» 文种不能错用，不能混用，更不能生造；

» 遵守人名排列惯例，领导有两个职务时要注意排列顺序；

» 如果有附件，附件名称要写明附件主要内容，附件名称后不加标点；

» 请示的结尾有固定用语，不要自己发挥；

» 写好稿子，先自己检查三遍，再发给领导。

常用清单及模板

常用清单

商务公文清单

常用模板

模板 27—30：决定类公文模板

模板 31—34：通知类公文模板

模板 35—37：通报类公文模板

模板 38：通告类公文模板

模板 39—41：报告类公文模板

模板 42：指示类公文模板

模板 43—47：请示类公文模板

模板 48—49：批复类公文模板

模板 50：意见类公文模板

模板 51—55：公函类公文模板

第三篇

秘书工作进阶

03

第 9 章

让领导为你提供助力：向上管理

本章思维导图

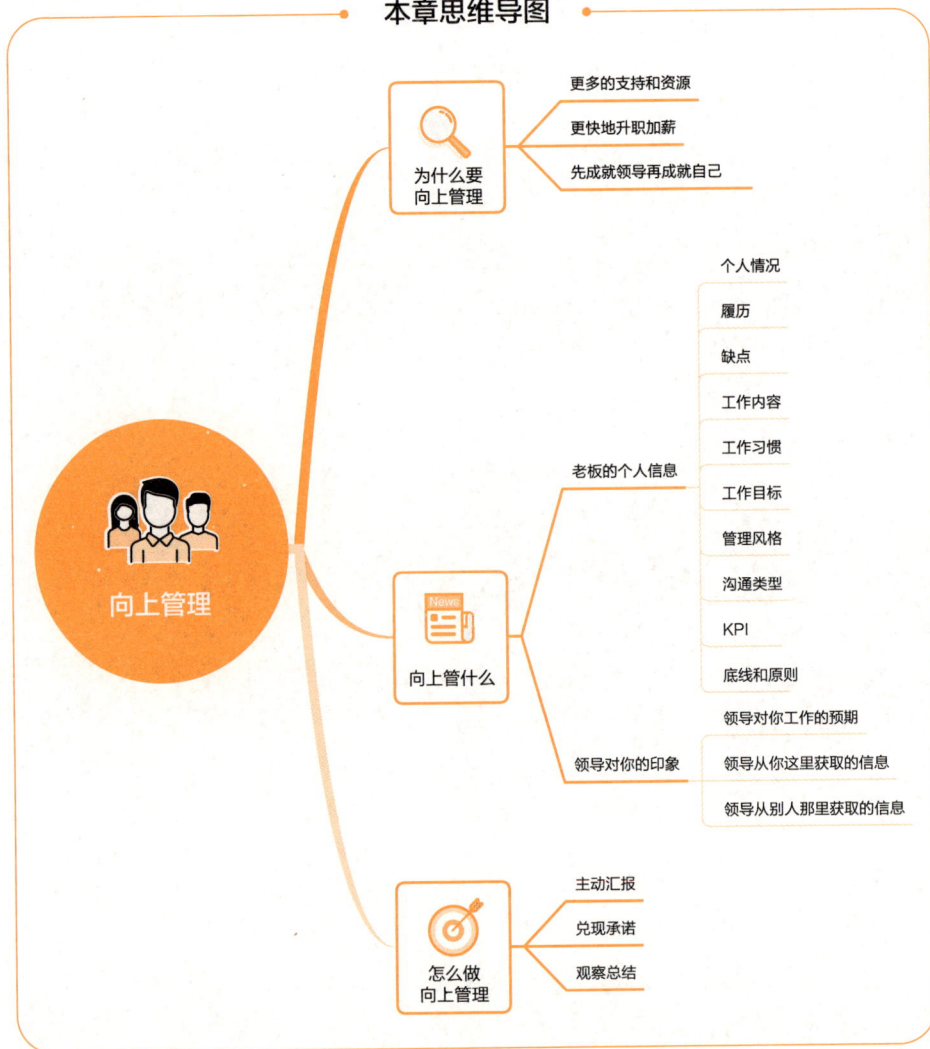

为什么要
向上管理
- 更多的支持和资源
- 更快地升职加薪
- 先成就领导再成就自己

向上管理

向上管什么
- 老板的个人信息
  - 个人情况
  - 履历
  - 缺点
  - 工作内容
  - 工作习惯
  - 工作目标
  - 管理风格
  - 沟通类型
  - KPI
  - 底线和原则
- 领导对你的印象
  - 领导对你工作的预期
  - 领导从你这里获取的信息
  - 领导从别人那里获取的信息

怎么做
向上管理
- 主动汇报
- 兑现承诺
- 观察总结

很多秘书认为领导的级别比自己高，权力比自己大，所以自己被领导管理很正常，但自己向上去管理领导，他们既不懂也不敢想。不过，高情商的秘书，或者说聪明的秘书，都有能力很好地管理领导，也就是向上管理。

1. 为什么要向上管理

德鲁克曾说："你不必喜欢、崇拜或憎恨你的老板，但你必须管理他，让他为你的成效、成果和成功提供资源。"

向上管理的本质是一种影响力，修炼向上管理能力的目的是影响那些对你有管理权的人，这种能力是秘书非常需要的一种能力。秘书与其他岗位很大的不同之处在于，领导对秘书有直接的"生杀之权"，如果秘书处理不好与领导的关系，就很难干好甚至保住这份工作。换句话说，领导决定了秘书的工作深度和向上发展空间。工作深度就是秘书与每一个部门，在业务、财务、人事及其他方面可以达到多么深的沟通程度，领导给秘书多大的权力。向上发展空间就是秘书能往上走多远、走多高，领导给秘书多少机会。

做好了向上管理，秘书就可以获得更多的支持和资源，更快地升职加薪，获得更多的机会。说到底，向上管理就是通过成就领导来成就自己。

2. 向上管什么

要想做好向上管理，秘书首先要非常熟悉领导的各方面情况，包括个人情况、履历、工作内容等，甚至缺点和短板。

（1）个人情况

每个人都是过去的产物。一个人的年龄、性别、家庭背景、学习经历、工作经历、人生经历形成了其个人特征。例如，王健林从 15 岁到 28 岁服役 13 年。在多次采访中，王健林都提到了这段人生经历对自己事业成功的重要性。他说，在那个时期，自己在艰苦的环境中经历了严格的训练，形成了坚毅的性格。这种性格也影响了万达的企业文化：部队、学校、企业，万达首先是一支部队，然后是一个学校，最后才是一家公司。王健林长期保持军人作息，如无特殊安排，每天早上 7 点就会到办公室，工作到晚上七八点。根据这些个人情况，我们可以推断：要想成为他的秘书，必须具备超强的执行力和抗压能力，不怕苦、不怕累。

（2）履历

你了解领导的过去吗？他的每一步是怎么走过来的？他获得升迁是因为什么契机？他之前负责过什么项目？他负责的项目取得了什么样的成绩？他的"高光时刻"是什么时候？他之前向哪位领导汇报工作？是哪位领导带他起步的？

这些其实都是秘书要了解的。了解了这些，你就可以明白，为什么你的领导对某个人的情感那么特殊，对某些事情的态度那么反常。当然，除了过去，还要了解现在。

（3）缺点

一般来讲，在某个方面表现非常突出的人更容易成为领导，如特别擅长沟通、特别乐于结交朋友、技术特别出色等。人的性格有多个侧面，在一些方面表现非常突出，就很有可能在其他方面表现欠佳。

例如，马斯克是一位商业领袖，他创办的特斯拉在电动汽车领域独占鳌头，但他的管理风格非常霸道。他的用人观是：听话照做，不听话就走人。这种性格在员工眼中其实是非常可怕的。我举这个例子是为了说明，领导不是完人，更不是神人。我们要把领导当成一个有七情六欲、有优点也有缺点，甚至在某些方面不如你的普通人。

秘书了解领导的缺点并不是为了寻找优越感，而是为了适时地为领导提供支撑，弥补其能力的不足。例如，有的领导总是记不住小事，秘书要作为"外脑"帮助领导记住这些事情，定期提醒。秘书还可以在领导不清楚还有哪些事情要办的时候或领导空闲的时候，把工作放到领导面前，告诉他："领导，您看这个能不能审一下，那边在催我，他们着急进行下一步工作。"

（4）工作内容

有一类领导是职业经理人，他们有自己的关键绩效指标（Key Performance Indicator，KPI），肩上也扛着别人给他的任务，同样会被别人检查工作。除了日常工作，如签字、审批、出差、会见客户等，领导一定有自己的工作安排和工作重点。

如果领导是创业者，这家公司是领导创办的，那么情况会不会不一样？不会。即便公司是领导创办的，他也得以公司赢利为最终目标。大部分公司，不管规模做到多大，只要市场环境发生变化，就会面临巨大的压力。例如，格力是空调行业内数一数二的公司，在市场环境波动的情况下，同样需要董明珠开启直播新业务，甚至在必要时亲自上场。所有创业者都想把自己的公司做得更好，都铆足了劲儿往前冲。

这类领导的工作安排和工作重点与职业经理人有所不同。职业经理人的首要任务是完成 KPI，完成上级交办的任务；而创业者最关心的是公司是不是在赢利，公司未来还能不能赢利，如何更多地赢利。

需要注意的是，即便是同一位领导，在不同的职业发展阶段，其工作目标也往往有所不同。例如，职业经理人刚上任的时候和临近退休的时候，工作风格的差异可以大到像换了一个人。再如，刚开始创业的时候和创业成功的时候，领导的改变肯定是十分巨大的。

秘书的工作内容受领导影响极大。如果领导是创业者，天天当"空中飞人"，满世界找业务，那么秘书往往要做到随叫随到，随时准备提供支持。

秘书了解领导的工作内容，就知道自己大概需要做什么，以后可能需要做什么，也就知道劲儿该往哪边使，话该往哪里说。秘书关注领导关注的事情，汇报领导关心的事情，总能提供领导想要的速度和效率，领导自然也会提供秘书想要的发展空间。

（5）工作习惯

每一位领导的工作习惯都不相同。

有的领导喜欢早起。例如，俞敏洪每天早上 6∶30 准时起床，然后冲澡、跑步。完成这些之后，他就开始了一天长达十几个小时的工作。再如，郭台铭每天早晨四五点起床，起来后游泳或跑步，7∶00 到办公室，一直工作到深夜，平均每天工作十几个小时。

有的领导习惯晚睡。网上流传着这样一个故事，腾讯公司的一位程序员做了一个 PPT，凌晨 2∶00 发给了马化腾。他本想洗洗就睡觉了，没想到过了 20 多分钟，马化腾就回复了修改意见。

有的领导必须每天睡足。贝佐斯曾公开表示，自己每天必须睡够 8 个小时，尽量不在上午 10 点之前安排会议。他的解释是，睡足了思路才会更清晰。他喜欢早睡早起，每天睡到自然醒，跟孩子一起吃早餐，他还坚持每天晚餐之后洗碗。

如果秘书熟悉领导的工作习惯，就能找到与领导沟通的最佳时间段。

（6）工作目标

现在领导最头疼的事情是什么？最着急的事情是什么？这些问题的答案体现了领导的重要工作目标。

有的领导头疼的是公司的规模始终上不去；有的领导着急的是公司的产品升级比较困难，新产品研发不出来；有的领导头疼的是公司现在想转型，但是无人可用。只有了解领导的主要工作目标，秘书才能分清各项工作的轻重缓急。

（7）管理风格

不同领导的管理风格差异非常大，其中比较典型的两种是放任型和参与型。

放任型领导喜欢下放权力，让大家自我管理，他只负责分配、激励，激发大家的积极性和检查最终结果。这类领导不太喜欢被下属拿一些鸡毛蒜皮的小事打扰。参与型领导是另一个极端，这类领导希望随时把控工作的每一个细节，希望下属在每一个环节向他汇报，也就是时时汇报、事事汇报。

你的领导可能是 80% 的放任型加 20% 的参与型，或者各占一半。作为秘书，你刚到公司的时候搞不清楚领导属于哪一种管理风格，应该怎么办呢？

这里提供一个小技巧，先假设他是 100% 的参与型，然后时时汇报、事事汇报。在不断接触的过程中，你可以得到他对每件事情的反馈，然后就可以判断出他在哪些事情上是参与型，在哪些事情上是放任型。

刚开展工作的时候，宁可让领导觉得有点烦，认为你怎么什么事情都要汇报，也不要什么事情都不跟领导说，因为不会向领导汇报的员工不会是未来的好领导。

（8）沟通类型

领导的沟通类型一般可以分为阅读型和听力型。

阅读型领导喜欢通过阅读材料来了解工作进度，他们更喜欢读报告、看数据。秘书提交的报告越详细，数据越具体，他们越喜欢。与阅读型领导恰恰相反，听力型领导更喜欢面对面的交流，听别人直接讲。区别这两类领导有一个很简单的方法，那就是看领导给秘书安排工作时喜欢发消息还是直接把秘书叫到办公室面谈。

与不同的领导共事，汇报方式也不一样。向阅读型领导汇报工作，要在汇报材料上多下功夫，形式要漂亮，逻辑要清晰，数据要准确。向听力型领导汇报工作，要言简意赅、直奔主题，不要绕来绕去。对于听力型领导，秘书可以当面汇报，面对面交流，然后把文字材料发过去，也可以带着材料去做口头汇报。换句话说，就是以口头汇报为主、以书面材料为辅，讲不清楚的地方再看数据。

不过，很少有人是纯阅读型或纯听力型，大部分人介于两者之间。例如，某位领导偏阅读型，能发消息绝不打电话，但遇到紧急或复杂的、难以用文字描述的事情时，还是会选择当面交流。

书面汇报和口头汇报这两种方式各有利弊。如果采用书面汇报，秘书就可以提前准备，写出来的东西也可以反复看，但细节、错误藏不住。如果采用口头汇报，虽然说完就完了，但因为是即时性的，所以口头表达能力会极大地影响表达效果，口才不好的人会很吃亏。

表达能力对秘书来说非常重要，值得花一些时间重点提升。秘书在做书面汇报前，要仔细检查书面材料，最好检查三遍；在做口头汇报前，要先自己口头演练一遍。

（9）KPI

很多领导都有自己的 KPI。KPI 可以通过数据指标告诉你，企业最看重什么，需要你优先做哪些事情，哪些事情最重要，哪些事情第二重要。秘书不仅要对自己的 KPI 了如指掌，还要熟悉领导的 KPI。

（10）底线和原则

领导的底线是什么，原则是什么？这些真的很重要，不过需要花时间进行观察。而且，人总是在不断变化的。要想看出领导是什么样的人，可能需要经历一些事情。有些人的有些特质，只有在遇到特定的事情的时候才会显现出来。

了解领导的个人信息是秘书做好向上管理的基础，下一步是管理领导对自己的印象。

领导对秘书的印象是好是坏、是正面还是负面，对秘书的影响很大。很多工作经验不足的秘书认为，不用在意别人怎么看、怎么说自己。别的岗位可能可以这么想，但如果领导对秘书没有好印象，那么秘书恐怕很难干满三个月。

领导对秘书的印象是如何建立的呢？或者说，领导建立印象的信息来源是什么呢？

（1）领导对安排给秘书的每一件工作都有一定的心理预期

例如，领导让你帮他拿快递，虽然嘴上说的是什么时候拿来都行，但实际上心理预期可能是一个小时内。如果你把领导口中的"不着急"理解为"什么时候都可以"，把拿快递这件事情安排到下班之后，就会出现这样的情况：领导左等右等等不来，只好再叫你一次，让你赶快拿来。这样一来，拿快递这么一件小得不能再小的事，很可能会变成你做事不靠谱的"罪证"。这时，你肯定觉得特别冤枉，你也许会这样想：领导的指令不清晰，想早点拿到就直说啊，为什么说不着急呢？

这就是要做向上管理的原因所在，当领导发出模糊或有歧义的指令时，秘书必须发挥主观能动性，主动与领导沟通，主动确认细节。

还是以拿快递为例，领导说："小李，你帮我拿一下快递。"小李应该直接问："您着急吗？着急的话，我现在就过去拿。"如果领导说"不着急，你什么时候有空什么时候拿就行"，小李就可以跟领导说"好的，那我下班之前给您拿过来，您看可以吗"。这样一来，领导心里就有预期了，小李只要下班之前把快递给领导送过去就可以了。如果领导着急，等不到下班的时候，他就会说"早一点吧，尽量上午拿过来"。这时，小李知道了领导的预期，早点把快递拿过来就好了。

工作无小事，秘书做的每一件事情都应该符合领导的预期。因此，秘书在做每一件事情之前都要想一下，领导希望得到什么结果，什么时候交给他，以什么形式交给他。想清楚再动手，想不清楚的就问清楚，直接和领导沟通、确认。不确定的事情，千万不要瞎猜。可以问的直接问，不方便问的就仔细观察。

（2）领导会通过秘书怎么说推断秘书是哪种人

语言是思想的载体，别人没有办法透过外表看到你的本质，所以如果你想让领导觉得你是一个逻辑清晰、思维缜密的人，就要在口头表达和书面表达上展现出来。秘书要做到口头汇报逻辑清晰、不啰唆，书面汇报及时、准确、专业。

训练方法其实很简单，在汇报之前多做准备。准备多了，临场自然不会露怯。最忌讳的是临场发挥，因为把大脑里面网状的思维用线性的语言清晰地表达出来，让对方听懂你的意思，其实是一件非常困难的事情。

很多人工作很努力，也很用心，工作兢兢业业，可是领导就是看不见。为什么？因为他们不会汇报！领导大多很忙，即便偶尔闲下来，也没有耐心听你慢慢汇报。因此，向领导汇报时要做到"稳、准、狠"，一击即中，句句说到领导心坎儿里。

很多人汇报时下意识地按照自己的思路说，从这件事为什么这么做，到自己时怎么想的，再到中间遇到了什么困难，自己是怎么一一克服的，就跟茶馆里说评书的一样，自己说得唾沫横飞，但根本没注意到领导的眉头都拧成"川"字了。

向领导汇报应该按照金字塔结构，结论先行、以上统下、归类分组、逻辑递进，先重要后次要，先总结后具体，先框架后细节，先结论后原因，先结果后过程，先论点后结论。

（3）领导会通过从别人那里获得的信息侧面印证秘书是哪种人

首先是高管口中的你。他们平时在提到你的时候是怎么评价你的，他们认为你是一个认真的人，还是一个粗心的人，是一个负责任的人，还是一个下班到点儿就走的人，这些评价真的很重要，因为领导往往很信任这些人，也很重视这些人的意见和看法。

其次是普通同事口中的你。领导会因为各种事情与公司的每个人接触，如果连保洁阿姨都说你不好，你就很难建立正面形象。

秘书经常要和公司高管对接工作，一家公司的高管不会太多，所以秘书要逐一突破，争取让每个人了解自己的优点，让他们对自己产生良好印象。秘书对待所有同事，包括保洁、保安、司机等，都要一视同仁，见了面要热情地打招呼。在公司规定允许的范围内，能帮忙的事情一定要搭把手。路遥知马力，日久见人心，时间久了，大家自然就认可你了。

3. 怎么做向上管理

秘书做向上管理主要有三种方法，即主动汇报、兑现承诺和观察总结。

秘书要定期主动向领导汇报现在的工作进度，现在做到哪里了，遇到了什么困难，什么时候能干完，这些都是领导非常关心的问题。

（1）日常工作要主动汇报

近水楼台先得月，秘书可以主动和领导约时间，确定一个固定的时间汇报工作。例如，每天早上刚上班的时候，向领导请示今天的待办事项及重点工作和工作思路；下班之前拿出一点时间来，跟领导确认一下第二天的日程，总结一下今天的工作。

（2）刚做好工作计划时要主动汇报

这时，秘书可以跟领导说一下自己的思路和想法。开车的人都知道要确认路线、看看方向，秘书当然也要知道先抬头看路再低头拉车。一件事情，不管完成得多好，如果和公司、领导的利益相悖，不仅没功劳，还会添乱。尤其是秘书岗位，其定位就是领导的辅助角色。秘书在做事之前一定要考虑领导的目标是什么，再甩开膀子干。秘书和领导劲儿往一处使，领导才愿意为秘书提供助力。

（3）工作有一定进展时要主动汇报

如果领导不能把握整体的工作进度，心里就踏实不下来。与其等领导一次次找你做汇报，不如自己主动点，还能提高印象分。秘书可以在任务一开始的时候设置好时间节点，在第一次汇报的时候就说清楚沟通的频率和方式，让领导心里有数。领导心里有数才能放心，放心了才会不过多地干预。有些秘书嫌领导管得严、工作起来束手束脚，可是他们没有想过，是不是自己的做法让领导不放心呢？汇报时要既报喜又报忧，只说好消息、不说坏消息容易变成文过饰非。常说坏消息、偶尔说好消息会让自己也变成"坏消息"，如果领导看见你就皱眉头，那么这份工作恐怕也干不长了。

（4）工作出现意外的时候要主动汇报

任何工作都不可能一帆风顺，总是会遇到这样或那样的问题。遇到问题不可怕，隐瞒不报才要命。不要给自己增加心理负担，没必要逼自己做到完美。没有人是完人，做事一定会出错。出了错，想办法解决就好了。不管是因为执行的结果没有达到预期，还是出现了没有考虑到的问题；不管是有些部门不配合导致延误，还是低估了完成事情的难度，都要及时上报领导。有些秘书觉得出现这些问题是因为自己能力不足，害怕被批评，不敢向领导汇报。其结果往往是，事情无可转圜了，被领导发现了，这时候再弥补已经太晚了。

（5）需要做出超出权限的决定时要主动汇报

秘书虽然能以领导的名义安排一些人做事，但还是会经常遇到超出权限的事情。这时，秘书一定要及时向领导请示，请求领导提供更多的支持，或者请领导帮忙拿主意。

（6）工作完成时要主动汇报

松下幸之助经营理念的传承者江口克彦说过这样一句话："对上司来说，最让人心焦的就是无法掌握各项工作的进度。如果没有得到反馈，以后就不会再把重要的工作交给这样的下属了。所以要知道，虽然只是一个简单的汇报，却能让你得到上司的肯定。"

有些员工深受传统文化的影响，羞于汇报成绩和功劳，所以就出现了"会干活儿的不如会做 PPT 的，会做 PPT 的不如会讲 PPT 的""会干活儿的不如会做汇报的"等情况。秘书不需要修炼到靠嘴皮子就能吃饭的程度，但确实要积极主动一些，及时向领导汇报自己的成绩。

主动汇报是"事事有回应"，兑现承诺是"件件有落实"。

合抱之木，生于毫末；九层之台，起于累土；千里之行，始于足下。信任的积累，从每一次兑现承诺开始。例如，你跟领导说计划下午 3：00 交材料，就不要 3：10 交；你说下班前把东西送到，就不要下班后超过 5 分钟送到，这就叫兑现承诺。

每个人都有一个感情账户，你答应了并且做到了，对方就给你加印象分；反之，答应了没做到，对方就给你扣印象分。当你在别人感情账户的余额非常高的时候，别人看见你就开心，当你遇到困难时也会非常乐意帮忙。这样一来，工作就轻松多了。通过完成自己承诺的事，秘书可以在他人心中建立一个值得信赖的形象。

最后是要注意观察总结。人们常说："察其言，观其行。"看一个人不仅要看他怎么说，更重要的是看他怎么做。每个人都有自己的习惯，秘书要做的是通过细致的观察总结出规律来。

总的来说，向上管理没有什么复杂的技巧，最重要的是两个字——"用心"，用心了，自然能于细微处见真章。其实，公司就像一个宝藏，不管是开会还是汇报，或者是聊天，到处都散落着有用的信息，就看你能不能站得高一点，俯瞰全景，把这些信息拼起来，拼成全景图。如果做到了，你就会发现公司里面的大事小情一览无遗。

! 案例分析

公司新来了四位管培生，领导让小米带一下他们，看看有没有不错的苗子以后可以放在总经办。有时候，为了做比较，小米会同时给四个人安排同一件简单的事情。今天的题目是寄快递。

小 A 把快递顺手放在桌子上，想着先把下午就要用的 PPT 做完再说。后面因为有别的事情，她四脚朝天地忙起来，到晚上九点才想起来快递没寄出去。可是，这时候快递员都下班了，只能等到明天再寄了。小 A 寄快递的任务以失败告终。

小 B 把快递放到办公桌，给顺丰打了个电话，约了一个小时内取件。做完这些，她才继续改手上的 PPT。

小 C 在把快递寄出去的时候，问了一下快递员大概什么时候到，然后把快递单号和大概到达时间一块发给小米，简单汇报了一下。

小 D 没有着急离开，而是立刻问小米："这个件急不急，需不需要保价？"小米说："对，保个价吧。"小 D 答道："好的，那我马上去寄，您看寄顺丰可以吧？选择最快的那一档的话，明天就能收到了。价格保多少呢？""保 5000 元吧。""好的，马上就办。"出了办公室，小 D 也给顺丰打了电话，让他们尽快来公司把东西取走。东西很快寄出去了，小 D 又发了一条消息给小米："领导，快递已经用顺丰发出去了，保价 5000 元，快递单号是×××× 。刚才我跟快递员确认了，用最快的那一档，明天下午就能到。"

　　四位实习生学历、背景旗鼓相当，能力不相上下，但在具体工作上的细致程度和职业程度却相差甚远。寄快递是一件简单的工作，可小 D 的做法让人印象深刻，小 A 给人一种办事不牢靠的感觉。

　　网上有一个热点问题："对一个人的最高评价是什么？"

　　有一个高赞回答是："靠谱，凡事有交代，事事有回应，件件有着落。"

　　靠谱是一种感觉，别人把一件事情交给你办时很放心，认为不需要过问，就一定能得到和自己期待的一样甚至超出自己期待的结果。职场无小事，你做的每件事都体现了你的专业度。也许聪明的人走得更快，但是靠谱的人走得更远。

　　小米觉得今天虽然自己的工作没有什么波澜，但带管培生的收获却很大。晚上回到家，小米翻到成长日记第六页，写下了今天的收获：

» 凡事有交代，事事有回应，件件有着落；

» 多请示、多汇报，宁可多也别少；

» 做事不汇报，等于没有做；

» 发现不确定的信息时要立刻跟领导确认。

» 小事情里也藏着很多"魔鬼"细节。

常用清单及模板

常用清单

　　向上管理清单

常用模板

　　模板 56：总经理 KPI 考核表 1

　　模板 57：总经理 KPI 考核表 2

　　模板 58：总经理 KPI 考核表 3

　　模板 59：周工作总结及下周计划表

第 10 章

收齐领导要的东西：文件流转

本章思维导图

在秘书工作中，有一项工作非常基础，但又常常会发生非常多的问题，这项工作就是文件流转。在工作中，领导经常需要秘书以文件或其他形式把各项任务传达下去，或者需要秘书把各项任务的产出物收集上来。信息以文件的形式在上下级之间流转，而这个流转过程往往需要由秘书主导或协助完成。信息在流转的过程中会不可避免地产生各种形式的衰减和失真，这就是文件流转最大的敌人。

秘书负责收发的文件的类型非常多，上到上市公司年报、公司发展战略规划、各部门总监全年工作汇报数据和报告，下到办公室费用明细、部门会议纪要及各类通知、决定、决议、报告。这些文件都需要通过秘书的手，从各部门流向领导，或者从领导流向全公司。

文件流转可以细分为两个部分——收文和发文，这两个部分互相补充、各有特点。

1. 收文

收文包括文件的传递、签收、分发、催办等，主要目的是把领导想要的各种材料和信息收集上来。收文看起来很简单：领导说要什么东西，秘书传达给相关人员，相关人员写好交给秘书，秘书再交给领导。

这看起来就像把一碗水从 A 传给 B 一样简单，但实际上文件流转这碗水是满的，不管你怎么传，一定会洒出来一些。老秘书和秘书新手的区别就在于，老秘书能尽量少洒一些，而秘书新手会总以为自己一滴也没洒。实际上，在老秘书看来，秘书新手不仅会让信息衰减得比较厉害，传递到最后还会出现信息失真的情况。一开始那碗满满的水，不仅没剩下几滴，水面上还漂浮着不知从哪里混进来的杂质。

下面详细看看从领导安排工作到秘书交付成果的过程中发生了什么。

（1）信息衰减——领导给秘书安排工作的时候

每个人都有自己的表达习惯，有人喜欢说细节，有人喜欢讲框架；而领导这个群体的表达特点是简短，因为工作繁忙、时间宝贵，所以他们常常惜字如金。

在安排工作的时候，领导习惯发出简短指令，例如：

- 去把各部门负责人的述职报告收上来给我看看；
- 去找市场部的李总把今年的销售数据要来给我看看。

实际上，领导心里想的可能是：

- 去把各部门负责人的述职报告收上来给我看看，要做PPT，至少20页，最好按KPI分模块写，相应数据要标清楚，数据不好的要分析原因，数据好的要总结经验，最晚明天早上8点之前给我所有人的报告；
- 去找市场部的李总把今年的销售数据要来给我看看，我想看看公司今年哪些产品卖得好、哪些产品卖得不好，合作渠道那边的数据怎么样，合作情况怎么样，还有没有必要续签合作合同，市场部新上的电商项目业绩怎么样，花出去的广告费收回来了没有，销售回款情况如何。

在这个环节，因为知识储备量不同、身份不同、个人经历不同，领导和秘书之间存在巨大的信息差。这个信息差最大的坏处是，它会让领导陷入"知识的诅咒"。"知识的诅咒"就是，一旦你知道了一个信息或学会了一样东西，就很难想象你不知道这个信息或没学会这个东西的样子。"知识的诅咒"可能导致越是高水平的人，越难以和低水平的人交流。受"知识的诅咒"的影响，领导经常忘记秘书没有他的地位、经验与阅历。在安排任务的时候，领导以为秘书已经具备了这些常识，直接省略了大量的细节，发出了非常简短的指令。但是，这部分被略去的信息，往往是秘书继续向下传递信息的必要细节。

领导常常以为自己说得明明白白，而秘书又常常以为自己听得清清楚楚。等到秘书开始向下传达的时候，才发现事实根本不是这么一回事。领导看似发出了一条完整的指令——"收各部门负责人的述职报告"，但没说什么时候要，要什么格式的，必须包含哪些内容，对各部分内容有什么具体要求，如果有人有事情无法立即交上来，最晚到什么时候交……这些事情秘书统统忘了问，等各部门负责人问细节的时候，秘书可能一个也回答不上来！

把领导心里的真实想法按 100% 算，等他说出来的时候，至少已经衰减到了 90%。甚至可以说，10% 的衰减已经是很乐观的估计了。很多年轻秘书告诉我，在他们刚刚入职的时候，常常处于一走出领导办公室就发懵的状态。

（2）信息失真——秘书向各部门传达的时候

和领导一样，秘书在向下传达的时候也会遭遇信息衰减。不同的是，秘书最大的敌人不是"知识的诅咒"，而是"我以为"。

仍以前面的指令为例，领导发出的指令是：

- 去把各部门负责人的述职报告收上来给我看看；
- 去找市场部的李总把今年的销售数据要来给我看看。

当秘书向下传达的时候，对方一定会询问细节。

- 用 PPT 还是 Word，PPT 至少_____页，根据_____来写，数据的要求是_____，重点分析_____，最晚_____点之前交。
- 领导想看的数据包括_____，重点想看_____，只发数据还是要给出相应的数据分析，是否需要专门做个数据分析报告，最晚_____点之前交，发给你还是直接发给领导。

在被问到这些细节的时候，老秘书和秘书新手的处理方式可能截然不同。秘书新手常常因为担心向领导询问细节会显得自己经验浅薄，更倾向于自己揣摩、猜测领导的意图和倾向，然后给出一个"我以为"的答案。那些被"我以为"害惨了的秘书新手，有的转岗，有的跳槽，最终留下来的终于学会了立刻确认细节，不再掉进"我以为"的陷阱。

（3）信息衰减和失真——各位部门接收信息后执行的时候

从秘书向下传达信息到对方实际接收到的过程中，还会因为"知识的诅咒"和"我以为"再次发生信息衰减。秘书以为自己说明白了，对方以为自己听清楚了。等到他们开始执行，试图把脑子里的想法落到纸面上的时候，离领导最初的想法已经十万八千里了。

为什么领导总觉得跟你沟通不畅，觉得你听不懂他的话，对你费了半天劲儿收上来的文件不满意？现在你应该已经明白了。

遇到这种情况，秘书应该如何应对呢？

擒贼先擒王，解决问题还得从源头入手。秘书应该在领导安排工作的时候立刻行动，最大限度地减少信息衰减。下次领导再给你安排工作的时候，不要只回答"好的，领导"，而应该立刻确认领导说的和你理解的是不是一回事。

在日常工作中，有七种常用的方法可以非常有效地减少信息衰减和信息失真，下面逐一介绍。

（1）学会提问

在领导安排完工作之后，要立即跟领导确认细节："好的，领导，您最晚几点要？用邮件发给您可以吗？述职报告要做 PPT 吗？销售数据是只要今年的，还是把过去三年的一块要来，您对比一下？"

估计有人想问，要问的细节太多，根本记不住，应该怎么办？或者，问得太多了，领导不耐烦，应该怎么办？

那就记住四个字——"人、事、时、地"，也就是什么人、需要做什么、什么时间、什么地方。问清楚这四个关键点，基本上就够了。

（2）立刻确认

在核对好细节之后，立刻做最后一遍确认："好的，领导，那我明天下午 5：00 下班之前，将各部门负责人的述职报告，以 PPT 的形式发到您的邮箱，发完邮件再给您发个微信提醒，您看可以吗？"

估计有人要问了，问这么多的问题，说这么多的话，领导不会嫌我烦吗？说实话，可能会。有的领导会觉得，秘书理所当然应该知道他要什么。即便是这种情况，秘书还是要择机询问。与其过一个小时再问，或者等到交不出来东西的时候被领导批评，还不如现在就确认。等你一次就把事情做好之后，领导反而觉得你很高效，甚至会慢慢地向你的习惯靠拢，再安排工作的时候就会直接说清楚。

当然，如果这份工作你已经干了七八年了，或者公司对这件事已经有非常规范的标准和流程了，就不要再问了。

（3）学习术语

如果刚换了工作，那么秘书可以通过学习术语快速入门。例如，秘书可以有意识地记忆行业术语、公司常用缩略语、领导的常用语等，这样一来，对"常识"的认知就增加了。

在交流的时候，秘书要特别注意一件事，那就是停止使用原公司（行业）术语，使用现公司（行业）术语。每个行业、每家公司都有自己的术语，例如，互联网行业常说的"裂变"在传统行业叫"增长"；在金融行业你可以开口 ROI、闭口 CME，进入其他行业以后最好说"投资回报率"和"货币错配风险"。

（4）记录习惯

秘书工作虽然繁杂，但一般是模块化的，理论层面都一样，只是到了具体执行层面才有细微的不同。

建议在第一次做某项工作的时候就开始记录领导的标准和要求及领导常用的表达，熟悉领导的表达方式。例如，假设第一次收文时领导要求使用统一的模板，再次收文的时候，你就知道应该在要求里加一条"使用统一的模板"。第二次收文时，领导要求数据要统一配分析说明，下一次你就知道应该怎么传达了。等你一遍遍走完"提问—确认—传达—反馈"这个循环，就会发现需要注意的细节。下次做同样的工作时，哪怕领导只提供了很少的信息，你也可以立刻解析出需要的全部信息。

（5）统一模板

统一的模板和内容框架可以减少执行环节的信息衰减和信息失真。有了统一的模板和内容框架，秘书在向下传达的时候更容易说清楚自己要什么东西、什么内容、什么格式、需要什么时候交，各部门负责人只需要把信息和数据填上就可以了。

这样一来，就最大限度地节省了各部门负责人的时间，他们不用再花很多心思在格式和形式上了，而且能避免有意或无意的信息遗漏，让领导尽可能全面地看到想看的内容。

（6）区别对待

在跟各个部门的负责人对接、打交道的时候，秘书要多留心、多总结，用心找规律。

每个人的沟通方式和做事风格都不一样。有的人，只需要简单说一句要做什么，就可以做得非常妥帖；有的人，说了半天要做什么，最后做出来的东西仍然是完全不符合要求，简直是鸡同鸭讲。因此，秘书要区别对待每一个沟通对象。好沟通的人，只需要简单交代；不好沟通的人，要花更多的精力，这样才能提高工作效率。

（7）向内发力

前面分享的都是可以拿来即用的方法。要想从根本上尽量消除信息衰减和信息失真，还要向内发力，从自身入手，提高自己的表达能力。

表达能力是指正确而灵活地组织话语，从而准确地表达思想和内容，最终达到交际目的的能力。这项能力的高低主要体现在以下三个方面：

- 根据要表达的内容选择语言材料并组织成话语的能力，其中，口语表达诉之于语音，书面表达形之于文字；
- 根据表达目的进行自我调控的能力，即一旦察觉偏离目标，及时进行自我调控的能力；
- 针对听者或读者的接受程度选择语言材料和调整话语形式的能力。

表达是思维的外化，一个人的表达能力不仅仅取决于语言和文字使用能力，也受到思维的影响。不管是语言和文字使用能力还是思维，都需要经过刻意训练才能达到更高的水平，才能消除语言差异造成的隔阂、语意不明产生的歧义、专业术语造成的理解障碍，而这正是我们的学习目标和提升方向。

2. 发文

从时间上说，发文和商务公文写作一后一前，相比之下，商务公文写作更重要一些。下面简单介绍一下发文环节。

一般来说，下发文件包括公司规章制度、各类通知、报告、纪要、决议等。秘书是领导的笔杆子，一般都要负责文件起草、润色等工作。发文的流程包括草拟、审核、会签、签发、用印等。

（1）草拟

秘书根据领导指示或实际工作需要拟稿，草拟的文稿必须情况属实、条理清楚、层次分明、文字简练、标点符号正确。

（2）审核

文件下发之前，需要经过领导的审核。秘书与领导形成一定的默契之后，有些常规文件可以写好之后直接发，如每周例会会议纪要、会议通知等。

但是，在某些特殊情况下，如第一次起草这类文件或这次起草的文件非常重要，在下发之前必须与领导确认，领导审核并确定没有任何问题之后方可下发。

（3）会签

需要会签的文件应该在打印之前送各部门会签。

（4）签发

文件经领导审核、签字后方可下发。

（5）用印

在大多数情况下，只有对外或需要存档的文件才需要用印，印章要盖得端正、清晰，不能错盖、漏盖。

发文环节的主要注意事项如下。

首先要及时。工作是一环扣一环的，很多节点的工作需要领导同意之后才能继续进行，所以秘书需要及时高效地处理文件。秘书的做事效率影响文件流转的速度，影响信息传递的效率，因此发文环节对秘书工作效率的要求是比较高的。

其次要准确。秘书要注意发文方式、发文时间和发文范围。常规文件按规矩发，如遇特殊情况，一定要先跟领导确认再下发。

最后要注意确认。秘书要确保发出去的信息被准确地接收，尤其是重要的制度类公告，必要的时候还要打印纸质文件，逐个部门签字确认，防止后期出现有人声称没有看到公告等问题。

3. 五重境界

收发文看起来很简单，实际上按照细节完成度和匹配度可以划分出五重境界。

- 抓细节，能够在领导要求的截止时间之前顺利地把文件收上来，并统一好格式和命名；
- 定标准，能够提前设定标准，确保交上来的文件格式统一、规范；
- 审内容，能够检查出文件中不符合规定、有遗漏的地方，让对方补签、提供说明或补充材料；

- 找问题，能够检查出文件中不合理的地方，发现故意或无意的数据错误、论据错误；

- 给建议，能够提出审批建议、参与决策，并理解领导做出的决策。

都说秘书这个岗位是近水楼台先得月，那到底是近的什么"水"、得的什么"月"？我认为近的是直属领导、公司高管、公司、行业这个"水"，得的是一览全貌、一窥细节这个"月"。

文件流转可以说是秘书面试时最不常被问到的模块，但又是秘书工作中发生频率最高的工作，正是这个不起眼的小模块帮秘书占尽先机。

因为秘书要负责文件流转，所以公司几乎所有的重要资料都会经过秘书的手。秘书可能是除了领导之外，少数能看到公司全貌的人。

各类文件不仅展示了公司全貌，还有大量的细节。同事的脑力劳动成果都摆在秘书的面前，秘书不仅可以学习公司的重要业务，还可以了解各部门工作内容、各环节情况及哪些工作是重点工作。

收发文的五重境界反映了秘书的工作能力和资深程度。当你经过大量的实战，变得敏感度极高、直觉极准的时候，恭喜你，你已经称得上资深秘书了！

! 案例分析

小米最近工作特别多，领导见她工作量太大，就招了一位新秘书，她是刚毕业的大学生，叫书书。书书刚进职场，非常积极，不管领导或小米安排什么任务，都十分积极，恨不得立刻就完成。

今天领导给书书传了一份文件："把合同打印一下。"书书很积极，立马跑去打印了，不到两分钟就交差了，开心得不得了，正等着领导表扬呢，没想到却被劈头盖脸一顿痛骂："怎么干的活儿？看都不看就直接打印吗？公司的名字都打错了，还有最后的签名和盖章处，为什么单独占一页纸？不会调一下吗？"书书一下子懵了，心想："是你说的打印合同啊，又没说让我检查格式，再说我才刚来，又没人教我，我怎么可能知道这些？"

小米看书书回来之后耷拉着脑袋，就问怎么了。书书感觉找到亲人了，一下子觉得好委屈："领导让我去打印合同，我就赶紧去打印了。结果交给他的时候，不仅没表扬我做事积极、干活儿快，反而批评了我一顿，说我为什么不调格式。可是，他也没说啊，我哪里知道得调格式啊！"

小米想了想，没有接着她的话说，而是对她说："书书，麻烦你帮我接杯水吧。"

书书有点疑惑，但还是说："好的，小米姐。"走到饮水机那里，书书刚要接，才想起来小米没说要接多少，就问小米："小米姐，接多少？要热的要凉的？原来杯子里的要不要倒掉啊？"

小米不说话，只冲着书书笑，问："领导让你打印合同的时候，是怎么说的？"

"他就说，把合同打印一下。"

"那你怎么说的？"

"我说'好的，领导'。"

"然后呢？"

"然后我就去打印了。"

书书突然懂了，大喊："哦，我懂了，小米姐！我懂了！其实当时打印出来，我也有点疑惑，签名和盖章处单独占一页，能行吗？但我当时也没多想，就直接拿给领导了。我明白你的意思了，下次打印的时候我一定先预览，看看打印效果，不确定的地方就问领导或者你。其他工作也是一样，不能立刻就去执行。"

书书的问题解决了，又开开心心地工作去了。

晚上回到家，小米翻到成长日记第七页，写下了今天的收获：

» 对上多请示，领导的意思不一定说清楚了；

» 对下多嘱咐，我的意思她不一定听明白了；

» 自己多想想，想表达的意思说清楚了没有；

» 想透彻、说明白、听清楚是很难得的能力；

» 不犯别人犯过的错误，别人的经历里也有可以学习的经验。

常用清单及模板

常用清单

文件流转清单

常用模板

模板 60：公司文件审核流程图

模板 61：公司合同管理流程图

第 11 章

让高管配合你的工作：部门沟通

本章思维导图

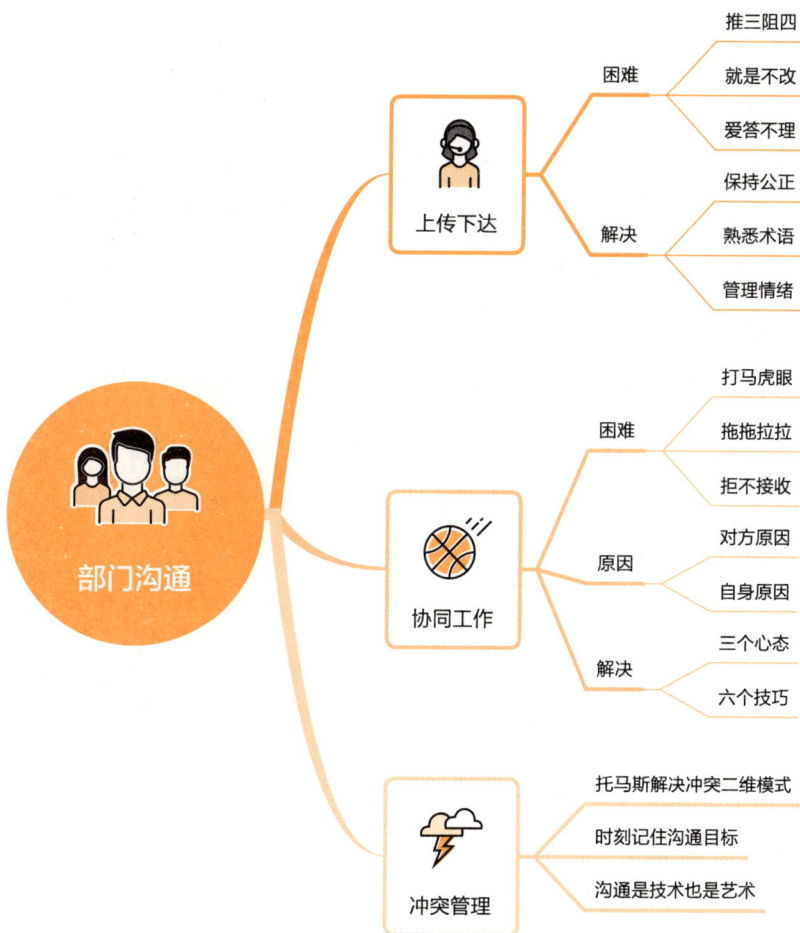

部门沟通

上传下达
- 困难
  - 推三阻四
  - 就是不改
  - 爱答不理
- 解决
  - 保持公正
  - 熟悉术语
  - 管理情绪

协同工作
- 困难
  - 打马虎眼
  - 拖拖拉拉
  - 拒不接收
- 原因
  - 对方原因
  - 自身原因
- 解决
  - 三个心态
  - 六个技巧

冲突管理
- 托马斯解决冲突二维模式
- 时刻记住沟通目标
- 沟通是技术也是艺术

如果随机找一位秘书问"你觉得哪个工作模块最让你头疼",我估计十个里面有九个会立刻回答"部门沟通"。与其他工作模块相比,部门沟通这个模块有什么特别之处呢?为什么部门沟通会成为横亘在秘书面前的一座大山?

有人说,世界上最难的两件事,一件是把别人的钱放到自己的口袋里,另一件是把自己的思想放到别人的脑袋里。沟通就是试图把自己的思想放进别人的脑袋里,让别人接受自己的意见,甚至按照自己的意图做事。

仔细想一想,是不是如此呢?秘书总是试图让别人在看见自己发出的消息之后及时回复、尽快完成相应的工作,并且按照自己期望的格式和内容完成,最好是在自己期望的时间内完成并反馈。由此可见,沟通工作的难度是很高的。

部门沟通这个模块主要有两个场景,即上传下达和协同工作。作为领导的代言人,秘书肩负着上传下达的任务,很多时候还要组织各部门协同工作。这一模块之所以会成为"老大难",主要是因为跨部门沟通、跨部门协作往往涉及多个利益相关方,牵一发动全身。秘书在试图按照领导指令推动工作的时候,往往会发现上行下未必效、令行禁未必止。在推动各部门协作的时候,秘书往往会发现,与自己一个人干活儿相比,协同作战的难度呈指数级增长。如果说自己干活儿的难度是1,那么与一个部门协作的难度是2,与两个部门协作的难度是4,与三个部门协作的难度是8。

秘书的沟通能力影响信息的流转速度和流转效率。如果秘书的沟通能力不达标,就会出现信息堵塞的情况,领导不清楚工作进展到了什么程度,同事们也搞不懂领导安排任务出于什么目的,最终的结果可想而知。

1. 上传下达

可能会遇到哪些困难

上传下达与文件流转很相似，不同的地方在于，一个流转的是信息，一个流转的是文件。形式虽不同，本质却一样。因此，在文件流转环节遇到的问题，很可能也会在上传下达环节遇到。

例如，明明是在会上已经决定的事情，散会后对方就推三阻四不执行；明明是例行的报告，对方就是不能按时交，去催的时候对方还爱答不理；收上来的文件不合格，对方却嫌麻烦、不肯修改。

怎么解决

上传下达和文件流转从本质上来说是同一类问题，都是要做到把信息无衰减地传递下去。可能会遇到的问题及解决方案已经在介绍文件流转模块的时候讲过了，这里不再赘述，只说几个需要特别注意的事项。

（1）保持公正

千万不要对不同的部门或人表现出明显的倾向性。如果你明显和某些人走得更近，就不要怪别人怀疑你不够公正。

（2）熟悉对方的术语

秘书要花些时间研究沟通对象的专业，最好从熟悉术语开始。在沟通的过程中，能够听懂对方的术语是很有帮助的，对方不至于因为你听不懂而不屑于跟你交流。

（3）做好情绪管理

在上传下达这个环节，不确定的是你会遇到哪种类型的阻力，确定的是你一定会遇到阻力。工作迟迟无法完成或进度缓慢的确令人头疼，但这个时候千万要冷静，如果情绪失控，就很容易陷入无谓的争执，给工作带来更大的阻力。

2. 协同工作

可能会遇到哪些困难

跨部门协作可能遭遇的问题也很多。例如，领导安排秘书协调多个部门完成某件事，但大家都在扯皮，开个会都拖拖拉拉，总是不能准时到，有的人自己不来，让秘书代替。有的人不配合工作，拒绝接受自己部门应该完成的部分，理由是"正经的工作都做不完"。

在秘书社群交流的时候，最容易引起共鸣的话题就是"控诉"部门主管不配合，让他们交东西不交，发消息不回，下班就走了，也不管活儿干完没有。每次聊到这个话题，都会有人忍不住跳出来抱怨几句。

可是，你想没想过他们为什么不能这样，你让他们干，他们一定就得干吗？你不让人家下班，人家就不能下班吗？从表面上看，对方不配合你的工作，但实际上，有无数种原因会造成这种现象。可能的原因大致可以分为两类，一类是对方的原因，另一类是我们自身的原因。

可能的原因

沟通，不论事大事小，本质都一样，核心因素只有一个——人。解决了人的问题，剩下的都不是问题。

沟通不是一门语言的技巧，而是一门做人的学问。不同的人之间本是互不相连的个体，不同的生活经验、禀赋习性、生活背景、过往经历将不同的人打造成了口径、深浅、形状都不相同的容器。沟通就是试图把我这个瓶子里的水，完完整整地倒进你这个罐子里边。口径、深浅都不一样，怎么能保证都倒进去、不洒出来呢？又怎么能保证我这个瓶子的容量跟你那个罐子差不多呢？

因此，我们要明白，任何一件事情都可能存在好几个不同的"真相"。同一座山，横看成岭侧成峰；同一个杨桃，侧看是杨桃，俯看是五角星；同一件事，对你来说是首要任务，对别人来说可能是负担或额外的工作。

对方不配合你的工作，原因可能有很多种，如家里有事、身体不舒服、有其他更重要的工作等。

（1）家庭原因

俗话说，家家有本难念的经。每个人都有自己的私事，都有自己的不顺心。可能你去找人家的时候，人家刚跟老公或老婆吵完架，怎么可能有好态度。

（2）身体原因

谁都有头疼脑热的时候，赶上身体不适，谁也没心情干活儿。人家正肚子疼得厉害，你发了一条消息"下午 5∶00 之前能交上来吗"，人家恐怕理都不想理你。

（3）心情不好

人家可能刚被领导批评了一顿，心情不好，正好你过去找人家要东西。这种时候，想不发生冲突都难。

（4）角度或立场不同

各部门负责人及公司高管的工作量很大、工作难度很高，经常处于高压状态，时间也非常宝贵。在他们眼里，什么最重要？当然是业绩最重要。

你想让他们干的是什么话？在他们看来，恐怕都是一些事务性的、价值不高的、浪费时间的、耽误他们完成业绩的"杂活儿"。在他们眼里，你就是去增加他们的工作量、给他们雪上加霜的人，他们怎么会给你好脸色呢？

他们看在你的领导的面子上，暂停了部门会议，花了2个小时，终于把你要的汇报材料写好了。他们本以为完事了，可以继续干自己的活儿了，结果你又发来消息说不要 Word，要 PPT……遇到这种情况，很少有人不会情绪崩溃！

有时候，对方并不是一直不愿意配合，而是从积极配合慢慢变成了愿意配合，再变成了不愿配合，可能的原因也有好几种。

（1）事先没说清楚截止时间

对方以为不着急，可你又一遍遍地催，最后搞得对方不得不暂停手里的工作，临时突击，加班加点完成你要的材料。万一碰上好几件事情都赶在一起，错都错不开，对方心里肯定一团怒火。

（2）没说清楚事情的重要性

对方以为就是随便填个表，没想到还要拿到会上讨论，每个人还要做主题发言。如果在会上表现不佳，对方恐怕永远也忘不了你。

（3）没有一次说清楚

光是一个文件，你已经找对方改过5遍了，对方现在看见你就想躲。

（4）不注意说话方式

有些秘书说话过于直接，遇到对方说自己有点忙，可能得等会才能完成，马上就顶回去："我不管，反正领导要求下班前给他发过去，你自己看着办吧！"这种话谁听了都会生气。

（5）对方轻视你

对方认为你年龄小、经验少，不懂业务也就算了，就连一些基本的行业术语都听不懂。你自己都吃不准自己传达的指令是不是准确，难怪别人不愿意听你差遣。

怎么解决

沟通的目的是什么？是讲道理，还是疏导情绪？

我们首先要明确，沟通的目的是寻求一个具体的结论或完成某个具体的工作目标。如果阻拦我们的不是工作能力不足，而是某些需要宣泄的情绪，那么为了实现目标，我们必须先搬走堵在路中间的障碍——情绪。

因此，秘书和别人沟通时要因人而异，和理性的人讲道理，帮感性的人疏导情绪。常变的是方法，不变的是目标。

秘书和公司高管打交道时在心态上要做到下列三点。

（1）不卑不亢

秘书新手常犯这个错误，未上战场气先衰。他们觉得自己是新人，不敢说，不敢问。事实上，自信是有磁场的，你越自信，别人越愿意相信你。和高管打交道时要自信，不要骄傲，要尊重别人，不要逢迎别人。仰视对方，只会让对方看低你，对方的配合意愿也高不起来。借领导的势俯视对方，只会让对方觉得不受尊重，对方更不愿意配合。只有平视对方，才有可能真正获得对方的认可和尊重。

（2）心态平稳

对方不配合你的工作、不愿意执行你传达的指令是一件非常正常的事情。

你在公司里顺风顺水，你让别人干什么别人就干什么，你要什么东西别人就马上给你，领导对你也特别好，即便你做错事情也从来不批评你……这种情况正常吗？

因此，从某个角度来说，不配合是正常的，配合才是异常的。开展任何工作都有阻力，都会遇到问题。遇到问题时不要着急，先看看是不是自己的原因，不要急于找外因。外因再多，恐怕一时也改变不了。

例如，你可以反思一下是不是自己的表达有问题，你明明说的是 A，对方却理解成了 B。你可以想想是不是自己的态度有问题，是不是你给对方的感觉是你并不尊重对方，或者对方觉得你很高傲。这些是我们可以掌控的、可以调整的，我们要从这些地方入手。

（3）换位思考

有这样一个故事，一头猪、一只绵羊和一头奶牛被牧人关在同一个畜栏里。有一天，牧人将猪从畜栏里捉了出去，只听猪大声号叫，激烈地反抗。绵羊和奶牛讨厌它的号叫，于是抱怨道："我们经常被牧人捉去，从来没像你这样大呼小叫。"猪听了回应道："捉你们和捉我完全是两回事，他捉你们，只是要你们的毛和乳汁，但是捉住我，却是要我的命啊！"

可能你觉得这件工作就是改一下文件格式，连 10 分钟都用不了，但事实是，他 30 分钟之前就应该去学校接孩子放学了，现在孩子还在学校门口等着，他连 1 分钟也等不了了。很多时候，如果能做到换位思考，把自己的脚放到别人的鞋子里试一下，彼此就能多一些理解，合作起来也会更加顺畅。

秘书在和公司高管沟通的过程中要注意下面六点。

（1）区分优先级

如果你发布的所有工作都重要，就说明所有工作都不重要。所有事情都紧急，就说明没有事情紧急。你最好在发布指令之前，先确定工作的优先级，哪些是需要在今天完成的，哪些是需要在本周完成的，哪些目前不着急，然后再进行下一步。确定工作优先级的时候不要自己决定，要和领导进行深度沟通。

（2）重点关注里程碑事件

再大的事，也是由无数的小事和几个关键点组成的。如果事事都盯得死死的，不仅你累，还容易激起别人的抵触心理。高管都是职场经验非常丰富的人，责任划分清楚了，信息透明了，自然就把自己该做的事情做了。如果有人天天盯着他们，让他们感觉自己被逼着完成工作，效果反而不好。因此，只要盯住关键点就可以了。关键点完成得好，别的地方有些瑕疵也是可以接受的。

（3）清晰地划分责任

高管的能力都是一顶一的，一般都有能力完成你的领导布置的任务。但是，能力很强不代表任务一定会完成。如果你没有清晰地划分责任，就会出现谁都不干，但是责任由你承担的情况。

（4）建立信息共享平台

在跨部门协作的过程中，有大量的信息需要在不同的人之间传达。为了把这些信息精准无误地传达给所有人，秘书需要进行大量的沟通工作。秘书最好在第一次开会的时候就建立一个信息共享平台，既可以是邮件，也可以是微信群或 QQ 群。

选择信息共享平台的标准主要有三个：

- 方便，越简单的越容易使用，越复杂的使用难度越高。
- 及时，信息共享要及时，各部门只有清楚彼此的动向，才能在第一时间做出正确的反应，不然就会做很多无用功，耗时耗力。

- 准确，错误的信息比没有信息还可怕。

（5）提供正向反馈

无论这项任务是不是对方分内的工作，无论对方的动机是什么，只要对方提供了帮助，就要提供正向回馈、表示感谢。你可以在领导面前，在沟通会议上，高度肯定为你提供支持的人，而且最好有内容、有细节。所有人都喜欢跟有良心的人共事，没人喜欢用人朝前、不用人朝后的人。

（6）注意表达方式

安排工作的时候要思路清晰，不要说半天还说不清楚。说话的时候要不急不躁，语气温和而坚定，并控制音量和说话的速度。另外，不要抱怨别人，不要给别人贴标签，更不要用威胁的语气跟别人说话。

其实，跨部门协作可难可易。只要彼此理解、互相配合，合作起来就像巧克力一样丝滑；如果互相埋怨，就会陷入事事难、步步难的困境。

3. 冲突管理

当然，即便准备得再充分，还是会发生意外状况。当出现预期之外的变化时，任何冲突都有可能升级成大问题。在处理冲突的时候，秘书可以运用托马斯解决冲突二维模式（见图11-1和表11-1）。

冲突管理非常考验一个人的情商。所有的冲突问题都可以归结为人的问题，而人是有思想、有感情的动物，拥有独立的人格和意志，因此我们要费尽心思去揣摩、剖析冲突的关键点在哪里，以便更好地解决冲突。

永远不要低估与别人沟通的难度和重要性，要学习如何准确地表达自己的感受。在沟通的过程中要不忘初心，牢记沟通的目标。

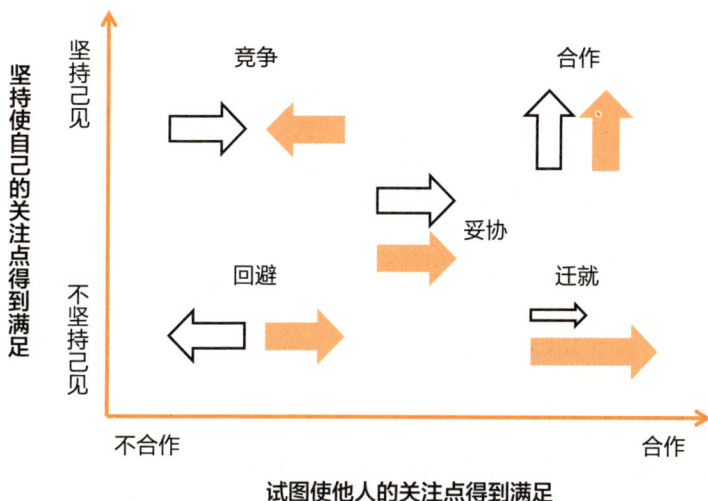

图 11-1　托马斯解决冲突二维模式

表 11-1　冲突策略

冲突策略	适用情况
强制	反对不当行为时 面对非常重要的问题，必须采取特殊行为时 面对必须采取快速、果断行为的紧急状况时 涉及严重违反企业规章制度，须进行严肃处理时
回避	需要别人冷静下来时 当收集信息比制定一个直接的决策更重要时 当问题很琐碎或有更重要的问题需要解决时 当潜在的损失超过解决冲突的益处时 当别人可以更有效地处理这一冲突时
妥协	当势均力敌的双方坚持各自的目标时 就复杂的问题达成暂时的和解时 在时间紧迫的情况下需要权宜之计时
顺应	当和谐、稳定特别重要时 当你发现自己错了时 当结果对对方比对自己更重要时

（续表）

冲突策略	适用情况
合作	在解决有关冲突方面的感情问题时 当需要用不同的观点把人们的想法结合起来时 当需要通过达成共识获得信赖时 当你的目的是学习时 当冲突各方都认为妥协对各方的目标实现都非常重要时

如何才能记住沟通的目标？当你发现自己马上要偏离目标的时候，问自己："我来找他的目的是什么？"

如果对方说了很过分的话，你可以先停一下，向对方传递一个信号——你说错话了，然后坚定、清晰、不卑不亢地说："关于这一点，我觉得你不应该这么说，不过这不是重点，我们还是来研究一下问题的解决方案吧。"

如果你实在解决不了某个冲突，就要尽快请求领导介入。当然，这个办法要慎用，用多了的话，你就变成领导眼里的"麻烦制造者"了。

沟通是一门技术，更是一门艺术。市面上有很多介绍沟通技巧的书和课程，我的看法是，一时靠套路，一世靠人心。靠技巧、套路只能留得住人，真诚地为他人着想，急人所急，才能留得住心。沟通是一门表达的技术，更是一门做人的艺术。

❗ 案例分析

小米和各部门高管对接有大半年了，她发现一个现象：李总和王总两个人，就像在争倒数第一，每次不是李总最晚，就是王总最晚，几乎没有例外。好多次，领导让小米收材料，别人早早地就交了，这两个人又拖到很晚才交，连累小米被领导批评了好几次。现在小米一看见这两个人，心里就有怨气。

一晃又到了月末，小米发了一个通知，让各部门负责人在周五下班之前把月度述职报告都交上来，下周一开月例会。大家陆陆续续把报告发过来了。到周五快下班的时候，小米一看，差点鼻子都要气歪了，又是只剩李总和王总没交。

小米想了想，直接去李总办公室，敲开门一看，李总正埋头做PPT 呢！

小米愣住，不知道该说啥了。李总招招手，喊道："小米啊，过来帮我看看这几个怎么对齐。"小米过去一看，原来是几个方块，李总想对齐成一条直线，但是拿鼠标拖着对，总是对不齐。小米全选了几个方块，直接选择顶端对齐，一下子就调好了。李总一看，就乐了："哎，年轻人就是不一样啊！我刚才对了三分钟都没对齐。小米啊，你看能不能做个模板发给我啊？就是那种只需要填数字，不用弄各种效果的模板。你不知道，每次你一发通知，我就开始做 PPT。可是，我这技术不行，又有点完美主义，每次都想做得自己满意了再发出去，结果每次都搞到很晚才能交。是不是给你添麻烦了呀？"小米看着笑眯眯的李总，突然觉得有点不好意思，原来人家不是有意为难自己。小米赶紧回答说："没有，李总，您这么支持我工作，我高兴还来不及呢！您看，要不然这样，这次马上要述职了，时间来不及了，等述完职，我跟您一块做一两个述职报告模板，可以吗？这样以后您写述职报告的时候直接填数字就行了。"李总高兴地说："那可太好了呀！"

从李总办公室出来，小米感觉自己心态已经调整过来了，心想说不定王总也是有什么情况，应该不是针对我的，还是先发个消息吧。小米发了一条消息过去，没想到下班的时候也一直没人回复，办公室也没有人。因为周一就得用，小米只能带着情绪和未完成的工作，回家加班去了。因为这次述职要用的材料有点多，小米又想周末跟朋友出去看一场电影，周五晚上就加了个班。到了晚上 11 点，王总竟然回消息了："不好意思啊，小米，我今天出差了，你要的报告我现在做，这次报告有什么特殊要求吗？"小米看见王总的回复有些惊讶，原来大家都这么不容易，心态一下子平和下来，再也没有原来那种敌对的情绪了。小米跟王总详细地讲了要求，又发给他几个可以用的模板。因为两个人都在线，有什么问题可以及时沟通，到凌晨一点的时候，PPT 终于收齐了。

小米把文件打包发给领导，躺在床上准备睡觉的时候还在想今天发生的两件事。原来自己以为最拖后腿的人竟然是最积极的，原来自己以为最难沟通的、最难找的人不是因为对自己有意见而是因为太忙。小米想了想，爬起来，翻开成长日记，记下了今天的收获：

» 换位思考，有些事可能不是别人主观不愿意，而是客观能力达不到；

» 必要的话，给高管们进行办公软件基础操作培训；

» 遇到问题时不要自己乱想，找机会主动和当事人聊聊；

» 多为成功找方法，每把锁都有钥匙可以打开，这把不行再换一把；

» 未充分了解事实之前，尽量不要受情绪影响，更不要随便给别人贴标签。

常用清单及模板

常用清单

> 部门沟通清单

常用模板

> 模板 62：周报和月报

> 模板 63：年度经营分析报告

第 12 章
高效管理领导的差旅：差旅安排

本章思维导图

差旅安排

领导国内单独出差
- 确定出差行程
- 安排出差行程
- 协调日常工作

陪同领导国内出差
- 出差前
- 出差中
- 出差后

领导国外出差
- 了解差异
- 了解渠道
- 准备行李

　　为领导安排出差或陪同领导出差是秘书的一项常见工作。按秘书是否陪同，出差可以分为领导单独出差和陪同出差；按是否出国，出差可以分为国内出差和国外出差。因为领导单独在国内出差最为常见，所以接下来以这种情况为例，详细介绍一下在此过程中需要注意哪些事项。

1. 领导国内单独出差

有一些刚入行的秘书，尤其是还没有给领导做过差旅安排的秘书，接到这项工作之后特别紧张。其实，很多事情都是相通的，通过类比，就能把个人经验从常见的生活场景迁移到复杂的工作场景中。例如，差旅安排和我们出去旅游时做攻略是很相似的，即便你没有给领导做过差旅安排，总不会从来没出去旅游过吧？即便没出去旅游过，总出门买过东西吧？出门之前，我们总要想一想今天买什么，简单地列一个单子。差旅相当于一场正式的商务旅行，做差旅安排就相当于给一场正式的旅行做攻略。

当领导通知秘书需要单独出差的时候，秘书要做好三个方面的工作，即确定出差行程，安排出差行程和协调日常工作。

确定出差行程

确定出差行程主要包括确定出差目的、着装要求和需要准备的物品。

（1）出差目的

出差目的一般可以分为拜访客户、参加会议和考察项目等。出差目的不同，相应的准备工作也不一样。在不同的大类里，可能还有细微的差别。例如，去上海拜访合作公司与去海南拜访合作公司都属于拜访客户这个大类，但要带的东西会有一定的差别。

（2）着装要求

秘书要根据领导出席的场合帮助领导准备服装：出席会议要带正装，打高尔夫要准备球服，出席酒会要穿礼服。不同的场合穿不同的衣服，配不同的领带。有句话是这样说的："没有人有义务透过你邋遢的外表，去发现你优秀的内在。"领导的形象就是公司的形象，必须予以重视。

正装适用的场合比较多，一般每天一套。领导和客户非常熟悉的话，带足够换洗的几套就可以了。衬衫一般要多带几件。例如，夏天天气热，吃饭、走路时容易弄脏衬衫，多带几件衬衫可以满足不时之需。

秘书要根据天气情况提醒领导增减衣物。我国幅员辽阔，东西南北气候差异较大，同一时间深圳气温高达30℃，北京气温可能才不到20℃。衣物准备一般不需要秘书亲自去做，适时地提醒一下就可以了。

（3）需要准备的物品

俗话说："在家千日好，出门一日难。"要想在出差时过得舒服一点，需要准备的东西还真不少。

必备物品如下。

- 个人证件：身份证、护照、驾照及复印件各两份备用。
- 个人用品：洗护用品、伞具等（要为女领导准备防晒用品）。
- 电子类：计算机、手机、U盘、充电器、充电宝、话费充足的手机卡等。
- 财务类：现金、个人银行卡、公司银行卡等。
- 药物类：晕车药、感冒药、藿香正气水等。
- 信息类：出差行程单、酒店信息等。
- 工作类：公司介绍资料、产品介绍资料、公司产品样品、个人名片、空白合同等。
- 礼品类：客户伴手礼、其他礼品等。
- 资料包：车票、机票、目的地地图等，封皮写出发时间、返回时间、酒店地址、对方公司地址。如果去的地方不止一个，可以一个地方准备一个信封，为每个地方的日程安排单列一个清单。

可能有人会问，为什么不轻装出行，到了地方再买要用的东西呢？因为任何人刚到一个陌生城市的时候都是人生地不熟，虽然便利店或超市里什么都有，但临时去购买东西，总归要额外花些时间。作为秘书，即便不需要亲自为领导收拾行李箱，至少也要适时提醒。

差旅安排是非常典型的"重点比较琐碎，但又一个都不能漏"的工作模块。对于这类工作，有一个方法可以保证工作效率较高而且不会漏掉任何一个小点——使用清单。

每次出差需要准备的东西是高度相似的，秘书可以列一个清单，每次领导要出差的时候就打印一份，让领导照着清单准备物品。

如果领导的出差频率非常高，秘书就可以专门准备一个出差包，把每次出差必带的、保质期长的东西单独备一套，如洗漱包、护肤用品、充电器、充电宝等，放进一个专用的行李箱里，然后把行李箱放到领导的办公室。当领导需要出差的时候，拿出清单对一遍，缺什么补什么，15 分钟之内就能出发。

安排出差行程

秘书还需要帮领导安排出差行程的所有细节。

（1）确定出差时间

之前准备东西的时候，只是确定了一个大概的时间，如 25 号到 28 号出差 4 天。在这个环节需要精确到每一天的每一个时间段，问清楚了才好订票。

（2）确定出行方式

秘书要跟领导商量好出行方式是自驾、司机跟随还是乘坐公共交通工具。

如果是自驾或司机跟随，就要在出发之前检查车辆状况，看油加没加满、车险到没到期等。如果是乘坐公共交通工具，就要确定是坐高铁还是坐飞机，具体选择哪一种要根据实际情况来定。例如，坐高铁需要 5 小时，坐飞机需要 2 小时，怎么选？一般大家都倾向于选高铁，因为高铁站一般建在市区，而飞机场一般建在遥远的郊区，从出发地到机场、从机场到目的地的距离一般较远。再加上飞机容易晚点，如果路途不是非常遥远，那么坐高铁会更合适。当没有直达车，需要中途换乘时，能选小站就不选大站，因为大站换乘比较麻烦。

我国东西南北的气候有很大的差异，东西方向还有时差。例如，深圳与新疆有大约 2 个小时的时差。从深圳到乌鲁木齐有 3 趟航班，看起来到达时间很晚，都在晚上 11：00 左右（见图 12-1），但因为有时差，所以到达时间相当于北京时间晚上 9：00 左右，还是可以接受的。如果是夏天，晚上 10：00 的乌鲁木齐天还亮着，到了正好可以吃饭、休息。

16:20 宝安国际机场T3	经停 贵阳 →	**23:20** 地窝堡国际机场T3
15:40 宝安国际机场T3	经停 兰州 →	**22:55** 地窝堡国际机场T2
15:50 宝安国际机场T3	经停 绵阳 →	**23:00** 地窝堡国际机场T3

图 12-1　从深圳到乌鲁木齐的航班

高铁车票可以直接通过 12306 网站等平台购买，价格是全国统一的，不用比价，直接选择合适的车次就行。买飞机票就相对麻烦一点，因为要考虑领导的习惯。有的领导喜欢海航，有的领导喜欢国航；有的领导喜欢头等舱，有的喜欢经济舱。机票订购渠道有很多，包括航空公司官网、第三方平台等。不同的平台有不同的优惠政策，需要对比一下，再做选择。

在不知道领导偏好的时候，一般要做三个出行方案，一个是最便宜的，一个是最快的，一个是性价比最高的，然后让领导选择。没有特殊情况的话，一般要同时订好返程票。

（3）预订酒店

预订酒店一般有四种方式。

- 直接预订合约酒店。有一些公司出差较多，因此会找一些酒店合作，酒店可以提供合约价，一般比较优惠。在公司有合约酒店的情况下，要优先选择合约酒店。
- 根据领导的习惯预订酒店。这是最不容易出错也最简单的方式。例如，领导习惯住希尔顿酒店，就订希尔顿酒店；领导喜欢住民宿，就可以在北京订四合院、在上海订洋房。
- 通过第三方平台预订酒店。携程、艺龙、飞猪等都是常见的第三方平台。
- 直接给酒店打电话预订。

订酒店时需要注意的事项如下。

- 酒店离目的地要近，附近的交通一定要方便。
- 根据领导的喜好选择房型，如海景房、江景房、山景房、大床房等。
- 提前了解酒店的情况，包括有没有餐厅、洗衣房、健身房、游泳池及其他休闲娱乐设施，周边环境如何，是否提供打印、传真服务等。每个领导的喜好不一样，有的领导有锻炼的习惯，希望周围有公园或健身房；有的领导喜欢热闹，希望周围有休息娱乐的地方。

- 算好停留的时间，按天数预订房间。
- 价格要控制在公司出差制度规定的范围内。

（4）联系接待

机票、酒店都订好之后，有时候还需要与接待方联系，安排接站、接机事宜。

事先告知对方领导乘坐的交通工具、到达的站点、预计到达时间、随行人数，对方就可以提前安排人到站接待。一定要留下对方接待人和秘书的联系方式。为什么要留联系方式呢？等到公司有急事，却死活联系不上领导的时候，这些联系方式就可能会派上用场。

如果对方没有人接站，就要解决领导到从机场到酒店、从酒店到对方公司的交通问题。有的领导喜欢自己打车，方便省事；有的领导喜欢让秘书全部安排好，自己什么都不用管。对于后一类领导，秘书可以提前租车，或者联系酒店，问清楚有没有接机服务。

身为秘书，如果能让领导时时刻刻都能感觉到自己的存在，那就太厉害了。怎么说呢？例如，领导要出发，司机已经在家门口等着了；领导刚到站，对方已经有人在等着接机了。这样的秘书，领导怎么能不喜欢呢？

我之前看过一个案例，说的是一名秘书通过给领导安排出差行程，一下子就获得了领导的认可。她是怎么做的呢？

她在和对方秘书沟通的时候，说完基本信息之后补充说："我们领导有'三高'，在安排晚宴的时候，可以适当清淡一点，稍微照顾一下吗？"

这番嘱咐传到领导耳朵里之后，领导觉得这个秘书实在是太用心了，非常感动。

（5）走审批流程

出差之前都要走审批流程，有时候还需要写出差申请报告。电视剧里面的总裁都是说走就走，但其实背后都有秘书在帮他们走流程。即便是领导出差，该走的流程、该办的手续也是不能省略的。

（6）安排好各部门工作

领导出差之前一般会跟各部门通气，并安排出差期间的重点工作。秘书不仅要做好记录，还要做好催办和跟进工作。

（7）安排司机

出发的时候，要安排司机接领导，把领导送到机场；回来的时候，要安排司机提前到机场等着接机。

送机的时候，下列几个时间点要提前安排好。

- 司机出发的时间。除了给车做保养、检查及加油的时间，还要考虑堵车的时间，检查当天是否限号。要叮嘱司机提前查好路线，找一条堵车概率较低的路线。这是整个行程的第一段，如果因为堵车耽误了，后边的行程就全都耽误了。司机快到领导家的时候，提前 15 分钟发消息提醒一下。

- 领导出发的时间。有可能司机去领导家的时候还不堵车，领导有事稍微耽搁一下，路上就堵车了，因此一定要把握好领导出发的时间。

- 抵达机场的时间。一般需要提前 2 个小时到机场，因为进了机场还要换登记牌、托运行李、排队安检、去卫生间等。机场一般都比较大，去一趟卫生间可能就得花 30 分钟。

- 司机离开的时间。领导进入机场 15 分钟后，司机才能离开。有时候会出现这种情况，领导进入机场后坐下来才发现有东西忘了拿，或者临时有急事，需要去另外一个地方。如果司机这个时候还没走，就很方便了。

协调日常工作

前面说的这些基本上所有的秘书都知道，但协调日常工作这个环节常常被忽视，而这个环节恰恰是最重要的。

协调日常工作的主要目的是让公司或部门像领导在时一样正常运行。做到这一点很不容易，能不能做好要看准备工作做得怎么样。

（1）出差前

以总经理秘书为例，在总经理出差前，秘书需要做好三个安排。

① 总经办工作安排

正常来讲，公司的各项工作都是随着领导的关注而一点点向前推动的。总经办的各项指令都需要借助领导的势去推动落实。领导出差不在的时候，很多人工作时就没有平时那么积极了。

领导出差之前一定会给秘书留任务。秘书要做好记录，在领导出差的过程中要做重点汇报，等领导回来后再做详细汇报。

领导不在公司时，没有人向秘书发号施令了。这是不是意味着没有新的工作可做了？领导不在，有些可做可不做的工作确实可以稍微放一放。不过，有些必须要做的工作比平时更难做了。公司的例行工作需要处理，秘书要承担起组织协调的责任。

- 有的工作需要暂停，如领导每周与各部门负责人的沟通。
- 有的工作需要延期，如领导原本想组织的高管学习会。
- 有人工作需要找人代为执行，如每周例会。

大部分事情仍会保持正常运转。例如，各部门的文件、所有需要领导审批的文件还是会正常交上来。领导出差了，工作流程上缺了重要的一环，这时秘书一定要及时处理各类文件，能发电子版的就发电子版，重要的纸质文件及时传真给领导，能拖能延且不耽误事的统统往后安排。出差期间，领导的时间十分宝贵，尽量不要让领导处理琐事。

如果领导经常出差，或者想尽量减少领导经常不在公司所造成的工作延误，也可考虑建立代理制度。例如，总经理不在的时候，由副总经理代理。

②领导手头工作安排

除了日程表上的工作，领导手上还有很多秘书不知道的工作。为了防止领导前脚走，后脚就有人来催你联系领导，最好在出差前就跟领导确认一下。

处理方式一般如下：

- 暂停不是特别紧急的工作（能等到领导回来处理的可以先放一放）；
- 转交紧急的工作（如果其他人可以代为完成，就转交给他人）；
- 让领导带上紧急且不能转交的工作（重要、紧急且需要领导亲自完成的工作可以让领导带上）。

如果不提前安排，光是每天的文件审核签字就是一个大问题。例如，领导手里压着一堆没签字、没审核的文件，秘书也忘记提前问领导如何处理。领导头一天出差，第二天一上班各个部门就来找秘书要签好字的文件，这时可怎么说？即便人家能够理解，解释起来不也很费力吗？

③ 各部门日常工作

领导出差期间各部门工作如何推进、如何监管，秘书发挥什么作用，都要在领导出差之前确定，例如：

- 某项工作是秘书跟进，还是领导亲自跟进；
- 秘书是否需要每天收集各部门的进度，然后汇总交给领导；
- 秘书是否需要参与某些具体工作的执行过程。

（2）出差中

① 处理延误的工作

到这里，差旅安排 80% 的工作都已经完成了，领导也终于出发了，是时候处理手里延误的工作了。因为有些出差是临时决定的，为了帮助领导安排差旅行程，你手里已经积攒了很多工作，所以第一件事情就是"填窟窿"。

② 处理新的消息和工作

接下来要处理不断涌来的新的消息和工作。

③ 汇报公司情况

领导出差期间不能及时了解公司情况，所以会更加关心公司情况。秘书要做到每日汇报公司情况，遇到大事第一时间汇报。

在领导出差之前，秘书要和领导确认好沟通方式、沟通时间、沟通频率和沟通内容。例如，每天晚上 8：00 做电话汇报，或者每天下午 6：00 下班之前，按平时的习惯发日报。

④ 随时提供支持

在领导出差期间，秘书要时刻关注领导发来的消息，随时提供支持。在这段时间，如果有什么新的指令发过来，就全靠秘书去推进协调了。

例如，领导在那边和客户谈事情，突然发消息给秘书说需要某产品过去 3 年的销售情况，必须在半小时内发过去。遇到这种情况，秘书应该按照下述方法处理。

- 先看自己有没有留存的数据，如果有，就再好不过了。问一下领导使用目的，要统计哪些数据，简要分析后，迅速发给领导（平时收集的信息要保存好，并做好分类，说不定哪天就派上用场了）。
- 如果没有留存的数据，就马上找相关部门提供支持。领导要的是销售数据，所以应该找市场部，直接找部门负责人沟通，拿到数据后再回办公室处理，或者让对方处理好后转发给领导。
- 如果找不到相关负责人，一时无法提供数据，要在第一时间向领导汇报，请示备用方案。

（3）出差后

① 安排司机接站

如果领导坐飞机返回，秘书就要提前确定领导的落地时间，防止领导自己改签了却忘了说。最好安排司机提前 1 个小时到机场，在出站口找个显眼的地方等候。

② 做提纲式汇报

有时候，秘书需要跟着司机去接机。如果秘书也过去接机，那么在返程的路上一般需要向领导做简要的汇报。汇报时不要夸张，既不要夸大事态，也不要夸大影响范围，以免让领导产生"我不在的时候，公司怎么这么乱"的感觉。简单汇报一下公司情况，领导就可以放心地回家休息了。

③ 处理延期工作

领导回公司上班的时候，秘书要带上所有的资料去找领导，尽量一次解决所有的问题，包括：

- 需要详细汇报的事项；
- 需要审批的文件；
- 需要请示的事项；
- 需要开会处理的事项；
- 需要找某个人单独沟通的事项。

④ 完成收尾工作

收尾工作主要包括：

- 写出差总结；
- 报销差旅费；
- 给拜访对象报个平安，表示感谢。

整个出差流程走下来，你会发现事项特别多，你需要提前想到所有细小的点，提前想好应对方法。那么，如何才能做到完美或尽可能完美呢？

京剧演员在临上场一两个小时之前都会默戏，在脑子里对自己所要表演的内容进行预演。秘书也可以向京剧演员学习，做好一切准备之后，闭上眼睛，设想整个出差场景，像放电影一样，一幕一幕、一帧一帧地过一遍。我经常使用这个方法，每一次我都能找出之前遗漏的小细节。

2. 陪同领导国内出差

陪同领导国内出差与领导国内单独出差非常相似，不同之处在于陪同领导出差可能更加辛苦。这是因为，陪同领导出差时，除了要做好前面介绍的各项工作，忍受舟车劳顿之苦，还要随时响应领导的需求。另外，出差在外时，遥控指挥和异地办公也给工作带来了一定的阻碍。

领导带秘书一块出差，如果不是因为秘书的业务能力特别强，就一定是希望秘书帮忙处理琐事。陪同领导出差时，秘书要做好服务，让领导专心地工作，不需要考虑琐事。

下面以坐飞机陪同领导国内出差为例，介绍一下陪同领导国内出差与领导国内单独出差的不同之处。

出差前

（1）前往机场

- 提前确定是从领导家里走还是从公司走。如果是从领导家里走，秘书要和司机提前 30 分钟到达领导家，发消息告知，并于出发前约 10 分钟通过电话提醒领导，给领导留出拿行李的时间。
- 提前 2 个小时到机场换登机牌。
- 如是两位以上领导同行，尽量把座位安排在一起，以便交流。
- 办好登机牌、托运完行李后，询问机场工作人员安检口、登机口位置和距离。如果距登机口较远，可能需要安排机场车辆接一下。
- 到休息室后，安排领导休息，根据领导需求提供茶水、饮料和点心等。在条件允许的情况下，一定要在领导身边或视线范围内。

（2）登机

- 关注登机时间（或广播），做好登机准备。

- 登机时间临近或广播通知登机时，提醒领导做好登机准备，携带好随身行李去往登机口。如果此时领导在打电话或谈事情，应酌情提醒，以免误机。

- 登机后先协助领导就座，放好领导的个人物品，再去找自己的座位就座。

（3）抵达

- 提前 15 分钟提醒领导做好落地准备。

- 在飞机着陆后滑行期间，及时联系接机司机，确定具体位置。

（4）入住酒店

- 保证领导入住的酒店和房间能满足工作需要，例如，领导入住的套房一般应该有客厅，以便接待客人或开会。

- 如果接待方预订的房间不符合要求，要马上联系重新订房。

- 提前去领导房间，把带来的衣服全都熨一下挂起来，然后烧水沏茶。有些领导只用自己带的茶叶，不用酒店提供的茶叶。及时联系服务台提供免费瓶装水，确认早餐时间和地点，必要时实地查看从房间到餐厅的路线。

- 行李箱正面向上、横向放在行李台上；公文包放在皮椅或沙发上，不可放在硬的东西上。拿行李箱的时候，应避免与硬物接触，以免划伤。

- 一切安排妥当后，根据领导的行程或工作安排，做好约见人员的联络工作。领导会客期间（或经领导同意），秘书应在房间外或酒店大堂等候指示。

- 在地图上查看一下周边环境，确定酒店位置。
- 确认办公条件，包括无线网络信号强弱、有没有打印机和传真机等。

出差中

- 领导的公文包一定要看管好，保证包不离人。
- 和领导保持合适的距离，让领导知道自己所在的位置。
- 保证领导和你的手机畅通，准备好充电器和充电宝，防止公司遇到紧急状况时既联系不到领导，也联系不到你。
- 陪同期间，做好领导和客户会面的沟通纪要。

出差后

- 根据往返两地的天气情况，通知司机携带相关衣物和物品，根据需要携带药品等。
- 如果是司机接机，应提前联系司机，明确司机所在位置，争取领导出来机场后直接上车、不停留；如果是多人接机，应安排大车或多辆车，最好两个人接，一个人进去接，司机在外面等。
- 上车后询问领导行程安排，及时与相关人员联系，做好工作安排。

特别注意，要和领导保持适当的距离。太远了，领导找不到你，沟通不方便，太近了也不合适。

3. 领导国外出差

国外出差和国内出差大体相似，只有个别地方需要特别注意。

（1）了解差异

出国之前要了解目的地国家所使用的语言、风俗习惯、环境等。不同的国家有不同的国情、文化习俗、做事风格，出发之前一定要做充分的了解。提前做的准备工作越充分，接下来的工作越好做。

（2）了解渠道

了解目的地国家的情况时，可以访问该国旅游管理部门网站或旅游公司的网站，也可以打电话询问。如果有朋友或同事在该国，那就更好了。当地的熟人可以帮你避开很多不必要的麻烦，就算出了问题也能帮你出主意。

（3）准备行李

带出境的行李箱和物品要更加细心地准备。对于不确定是否能带入境或带上飞机的东西，可以直接打电话咨询航空公司。有些领导英语不太好，最好提前把中英文对照的翻译稿准备好，最好派一位有经验的翻译随行。一定要保证证件齐全、均在有效期内，随身携带的行李包括手机卡、机票、保险、信用卡（如 Visa 卡）、外币（包括零钱）、电源转换插头等。

再次提醒，不清楚的事情一定要提前了解，不确定的事情要多打电话核实，千万不能因为你的一时疏忽而导致领导买不了东西、找不到地方、无法工作等情况出现。如果领导因为你的工作失误而体验了一次因携带违禁品而滞留在机场安检处，恐怕这辈子也忘不了你。

差旅安排工作的特点是细节琐碎、注意事项较多，但也比较容易标准化。在做差旅安排的时候，只要有意识地总结规律、制定标准流程，就可以大大节省时间、减少差错，自然就有更多的时间用于提升核心能力了。

ⓘ 案例分析

早上 8：00，小米刚到公司，还没坐稳，就看见市场部王总监喜气洋洋地走过来："领导在吗？我去报喜！有一个重要的合同终于签下来了，就差他签字了！"

小米一下愣住了："领导出差了啊！"

"什么？什么时候走的？"

"前天就出发了，明天下午才能回来。"

这一下，王总监也傻眼了："这可怎么办？这单我们跟了三个月了，谈了好久，今天好不容易敲定了，今天上午必须签字，不然后面有什么变动就不好说了！"

小米赶忙安抚王总监，自己也赶紧试着联系领导。小米把情况梳理了一下，给领导发了一条消息。等了 10 分钟，领导也没回复。王总监更着急了："大秘书啊，你快帮我想想办法吧，这单要是跑了，领导回来肯定得说我！"

小米翻了一下领导出差的日程安排，发现按计划昨天下午应该是和 A 公司在谈合作的事情。小米和这家公司的李秘书很熟悉，赶紧找出来李秘书的电话号码，直接打电话过去询问昨天的情况。李秘书告诉小米，昨晚他们一直谈到 12 点，谈完又去吃了夜宵，这会儿领导可能还没起床。小米又赶紧找酒店预订信息，找到了酒店的联系方式，又拜托酒店大堂去房间帮忙叫一下领导。

一番周折，终于联系上了还没睡醒的领导。小米赶紧道歉，简单描述了一下情况，又把电话给王总监。王总监跟领导说了十来分钟，高高兴兴地拿着合同去找副总代签去了。

一场风波终于过去，小米的心情还是不好，她对自己犯了这样的错误觉得很懊恼。下午，她收到了新厂区厂长助理发来的信息："小米姐，我想问一下领导快到了吗？大会还有 1 个小时就要开始了。"

小米暗叫一声"糟糕"，真是忙昏了头了，今天下午是新厂区员工大会，原本安排领导第一个发言。这次领导临时出差，一直忙着准备这准备那，忘了调整这次的发言安排了。小米赶紧给领导发信息，向领导请示怎么处理。过了一会儿，领导就回了一句："取消我的发言。"

小米心想，领导肯定生气了。也难怪，今天连着干了两件蠢事，以后类似的错误真的不能再犯了，而且下次领导出差的时候得好好想一想，别再漏掉事情了。

小米整理了一下今天发生的事情，在成长笔记上又添了几条：

» 领导出差前及时通知公司各部门，提醒大家赶紧签字；

» 领导出发前，检查一遍工作，看有没有时间冲突的工作；

» 领导出发前，确定一位代理人；

» 良好的外部关系在关键时刻能"救命"；

» 出现问题时要赶紧承认错误，不要狡辩，尽快调整心情。

常用清单及模板

常用清单

差旅安排清单

常用模板

模板 64：出差申请表

模板 65：出差工作报告

模板 66：出差期间总经理授权通知书

第 13 章
高效管理领导的时间：日程管理

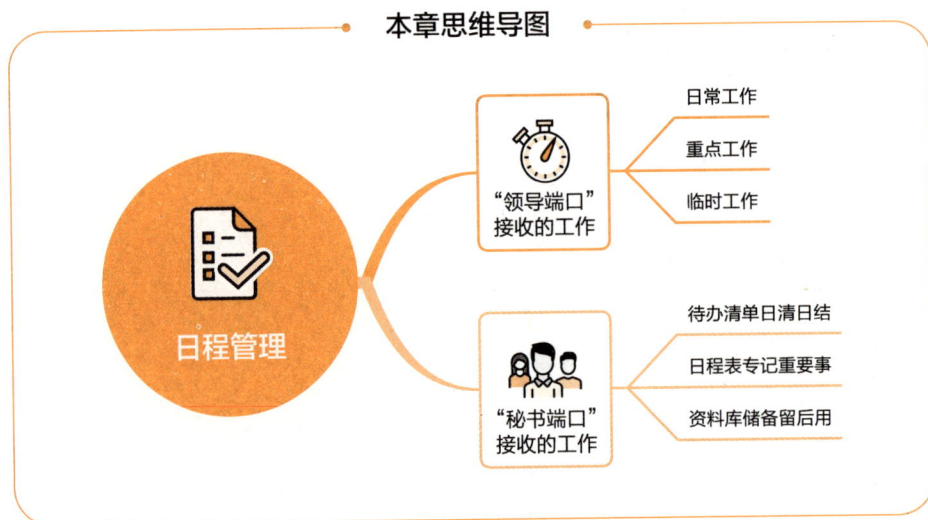

本章思维导图

日程管理
- "领导端口"接收的工作
  - 日常工作
  - 重点工作
  - 临时工作
- "秘书端口"接收的工作
  - 待办清单日清日结
  - 日程表专记重要事
  - 资料库储备留后用

　　给领导做日程管理看起来很简单，好像只需要把一大堆待办事项排个序，安排好先做哪个、后做哪个，就可以了。真的是这样吗？

　　假设你是一家互联网公司的总裁秘书，现在是周一的早上9：00，9：30要开高管早餐会，你负责联系两位海外的负责人开会。早餐会一般使用Zoom，你需要提前调试设备。另外，你还需要准备早餐，早餐会一般安排西餐，要准备面包、牛奶、咖啡和果汁等。你上周五已经收到了会议材料，但还没有打印。这时，你收到了领导发来的消息，说早餐会材料有更新，他已经发到你邮箱里了，让你重新打印一下。另外，早餐会要临时增加两位国内的高管，你负责通知他们。然后，你又收到了两位参会高管秘书的消息，不约而同地说他们的领导想约晚上 9：30 与总裁沟通一下，具体沟通事项没说。一位合作伙伴发来消息，说他们领导送了你的领导一盆花，快递员已经到公司楼下了，希望你安排人接一下。一位总监发来消息问你能不能帮他组织一下中午的会议，再帮忙安排一下会议餐。这位总监对你没有直接管理权，只是平时跟你关系不错，临时找你帮忙。司机打来电话，语气显得很着急，说已经 9：10 了，领导还没有下楼。刚挂了司机电话，领导的爱人就打来电话说孩子发烧了，让你帮忙挂号。秘书处领导发来消息说，你来公司已经一个星期了，按惯例应该做一次分享，要在中午 11：00 之前交给她分享材料。

请问，你应该如何处理这些事情？

这道题是出行领域的一家头部公司面试秘书时的面试题，你回答出来了吗？现在你还觉得做日程管理是一件很轻松的事情吗？

我们总说日程管理，日程管理到底管的是什么呢？真的只是管理日程，安排一下做事的先后顺序吗？

当然不是！日程管理其实是在做领导的工作计划，安排领导的工作顺序和工作量。日程管理这项工作要求秘书对公司和领导的工作内容、自己的工作重点有很好的把握，还要求秘书具备时间管理、组织协调、资源调动等能力。做好日程管理并没有那么容易，秘书要预估每件事情大概花费多少时间，应该分配多少时间。秘书要非常了解领导的工作优先级，非常清楚在领导的价值判断体系中哪件事情更加重要，以及领导在主观意愿上更愿意先做哪件事情。当出现计划外工作和各种突发情况时，秘书要能做到闪转腾挪，从密密麻麻的日程里再挤出一块时间来。

通过上面的例子，不难看出，领导要做的工作很多，秘书要安排的日程也很多，这些日程都是从哪里来的呢？如果能找到每项日程的来源，是不是就可以从源头入手呢？

领导日程的来源主要有两个——领导本人和秘书（见图 13-1）。

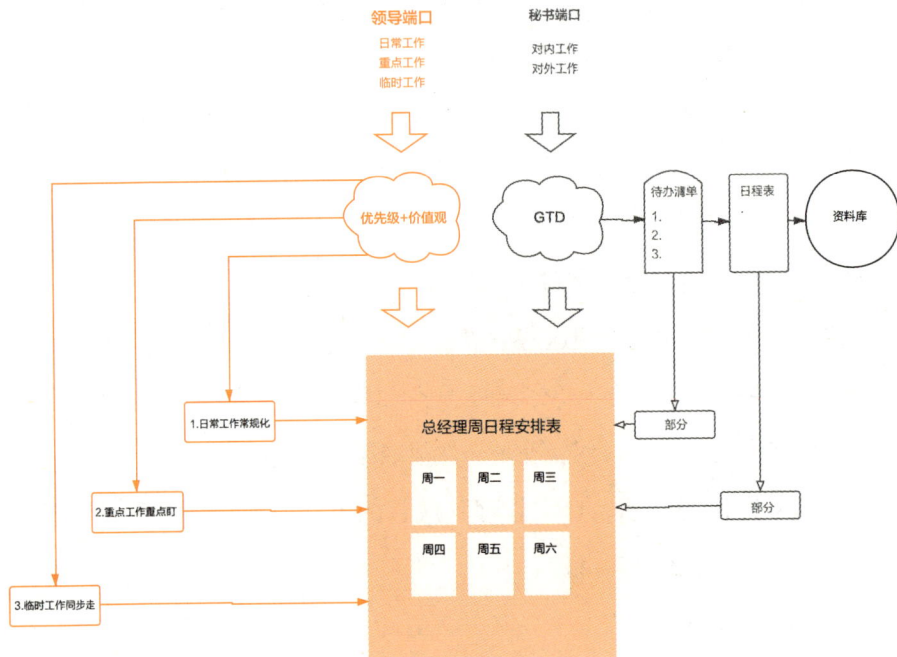

图 13-1　领导日程的两个来源

领导的工作有很多，但大体上可以分为三大类，即日常工作、重点工作和临时工作。为了及时完成这些工作，领导需要秘书协助进行分解任务、收集和补充资料、找责任人询问详细情况等工作。

下面详细介绍领导日程的两个来源。

1. "领导端口" 接收的工作

日常工作

每个领导的工作细节虽然有所不同，但大的板块不会有特别大的差异，基本上都围绕着"产、销、人、发、财"这几个板块。

- 产——生产制造，不管是制造业，还是服务业，都有自己的产品。
- 销——产品销售，产品生产出来之后得卖出去，卖出去公司才有收入。
- 人——人力资源，不管是生产还是卖货，都需要由人来完成。
- 发——研究开发，没有任何产品可以一直畅销，不更新、不迭代，连人都会被淘汰。
- 财——财务管理，开公司是为了赢利，不控制成本，不管理费用，产品卖得再好也不一定赚钱。

围绕着这五个板块，领导会有很多日常工作，例如，和客户谈生意，维护对外关系，审批各种文件，安排各项工作，等等。秘书的首要任务就是协助领导顺利、高效地完成这些日常工作。任何一位秘书，到了一家新公司，都要从这些细小的工作入手。

秘书帮领导安排日程的时候可以考虑把每天必做的、每周必做的、每月必做的和每年必做的工作确定下来，作为常规工作。常规工作的第一个特点是必做，也就是说，除非有特别紧急的事情发生，否则一定要去做；第二个特点是具体。

以文件审批为例，小公司最常见的方法是积攒起来，领导什么时候有空，就什么时候拿出来开始签。发现哪份文件有错漏或需要补充材料，就让秘书去找相关责任人。这种做法只方便了领导一个人，为了领导一个人的灵活机动，打乱了其他人的工作节奏。领导可能随时随地找某个人，而这个人可能正在开会、写材料或干其他的事情。这时，这个人只好放下手里的工作，过去汇报。这种方法的坏处不止这一个，因为不确定领导什么时候签文件，各部门需要时不时地确认；因为不确定文件什么时候能签下来，各部门也很难合理有序地安排下一步的工作。

当公司规模越来越大，需要审批签字的文件越来越多，不能及时审批带来的副作用越来越大时，就要考虑每天安排固定的时间，专门来做审核签字这件事（见图 13-2）。

星期一			
⏰	活动简述	地点	时长
8:00			
9:00	文件审批	领导办公室	1h
10:00			
11:00			
12:00			
13:00			
14:00			
15:00			
16:00			
17:00			
其他			

图 13-2　把文件审批工作固化到日程安排表中

领导在固定的时间、按照既定的规范完成日常工作，秘书在安排日程的时候就只需要在周日程安排表中相应的时间做好标注（见图 13-3）。

除了文件审批，还有很多日常工作也可以常规化。例如，领导每天早上要看 40 分钟时政材料，秘书就可以把这项工作固化在日程表里。再如，会议可以设置成例会，领导和其他人定期沟通工作情况。这样一来，整个公司的日常工作的效率都大大提升了。

总 经 理 周 日 程 安 排

姓名：　　　　　　　　　　　　　　　周一日期：

星期一			
🕐	活动简述	地点	时长
8:00	阅读时政材料	随机	40min
9:00	文件审批	领导办公室	1h
10:00			
11:00			
12:00			
13:00			
14:00			
15:00			
16:00			
17:00			
其他			

星期二			
🕐	活动简述	地点	时长
8:00	阅读时政材料	随机	40min
9:00	文件审批	领导办公室	1h
10:00			
11:00			
12:00			
13:00			
14:00			
15:00			
16:00			
17:00			
其他			

星期三			
🕐	活动简述	地点	时长
8:00	阅读时政材料	随机	40min
9:00	文件审批	领导办公室	1h
10:00			
11:00			
12:00			
13:00			
14:00			
15:00			
16:00			
17:00			
其他			

星期四			
🕐	活动简述	地点	时长
8:00	阅读时政材料	随机	40min
9:00	文件审批	领导办公室	1h
10:00			
11:00			
12:00			
13:00			
14:00			
15:00			
16:00			
17:00			
其他			

星期五			
🕐	活动简述	地点	时长
8:00	阅读时政材料	随机	40min
9:00	文件审批	领导办公室	1h
10:00			
11:00	周例会	1号会议室	3h
12:00			
13:00			
14:00			
15:00			
16:00			
17:00			
其他			

星期六			
🕐	活动简述	地点	时长
上午	对外活动	球场	不定
下午	对外活动	不定	不定

星期日			
上午			
下午			
其他			

图 13-3　周日程安排表 1

重点工作

秘书要想让领导认可自己，就要清楚重点业务、重点项目和重点人。这些信息在做日程管理的时候非常有用。

"产、销、人、发、财"都很重要，但在公司发展的过程中，重点是一直在变化的。例如，在公司刚成立的时候，销售是重中之重，其他的事情都可以暂时不用管，但销售不能停。当其他事情与销售产生冲突的时候，往往是其他事情给销售让路。

等公司发展到一定的阶段时，销售固然还是非常重要，但因为公司的经营已经比较稳定了，销售工作也常态化了，其他事情的重要程度就要往前靠一靠了。例如，中层干部培训、新厂建设、新上的项目等就变成公司最关注的工作了。

秘书在帮领导安排日程的时候要注意及时调整，把这些新热点、新重点放在重要位置。至于排在领导优先级"榜单"中第一名的到底是哪件工作，就要用心去发现了。

怎么才能快速确定领导的重点工作呢？这里介绍三种非常好的方法。

- 一看领导的注意力在哪里。平时开会，很多人都会发言，看哪些人发言的时候领导仔细听，说到哪些内容的时候领导频频点头。
- 二看领导把时间花在哪里。看领导在面临多个选择的时候优先选择哪一个。
- 三看领导把资源放在哪里。公司的资金、人力都是有限的，有限的资源要投入到众多的项目上，看领导更舍得在哪些项目上投入。

以上三条都满足的，自然是领导眼里的重中之重。

确定了领导的重点工作，下一步就是进行工作分解，然后落实到周日程安排表里（见图 13-4）。制定完日程，秘书就可以根据时间安排，提前做准备工作了，如收集材料、提醒相关人员、安排会议室等。

总 经 理 周 日 程 安 排

姓名：　　　　　　　　　　　　　　　　　　周一日期：

星期一

⏰	活动简述	地点	时长
8:00	阅读时政材料	随机	40min
9:00	文件审批	领导办公室	1h
10:00	与市场部总监商量沈阳办整顿方案及其出差安排	领导办公室	1h
11:00	审查沈阳办、长春办、大连办上周总结及本周计划	领导办公室	1h
12:00	与张三沟通世园会PPT及最优合作方案内容	领导办公室	50min
13:00	阅公司宣传视频，提改进意见	领导办公室	40min
14:00	与李四谈话，将其调入山东大区	领导办公室	1h
15:00	带朱三、李四去世园会交应征文件	领导办公室	1h
16:00	与人资部商议近期人员录用、招募情况	领导办公室	1h
17:00	与王五研究工程下一阶段工作安排	领导办公室	1h

其他　

星期二

⏰	活动简述	地点	时长
8:00	阅读时政材料	随机	40min
9:00	文件审批	领导办公室	1h
10:00			
11:00	接待三星公司来人并会谈	按计划	3h
12:00			
13:00	处理沈阳办紧急开发票事宜	领导办公室	1h
14:00	布置与两学院洽商招募学生售票业务	2号会议室	1h
15:00	听取渠道部本周工作计划	1号会议室	1h
16:00	处理大连办山地酒店提前生产事宜	领导办公室	1h
17:00	与技术部研究近期工作安排	2号会议室	1h

其他　

星期三

⏰	活动简述	地点	时长
8:00	阅读时政材料	随机	40min
9:00	文件审批	领导办公室	1h
10:00	与王五研究工程下一阶段工作安排	领导办公室	1h
11:00	与人资部商议近期人员录用、招募情况	领导办公室	1h
12:00	布置新品展厅整修工作	领导办公室	1h
13:00	处理电商项目申请再优惠事宜	2号会议室	1h
14:00 / 15:00	与董事长接待百度来人	按计划	2h
16:00	与周九谈话，强调纪律	领导办公室	30min
17:00	安排李四见新领导事宜	领导办公室	30min

其他　

星期四

⏰	活动简述	地点	时长
8:00	阅读时政材料	随机	40min
9:00	文件审批	领导办公室	1h
10:00	结合学院访谈情况修正世园现场售票方案	2号会议室	1h
11:00	与人资部、王总工磋商新总监试用期离职事宜	领导办公室	1h
12:00	审核半年会销售人员情景试题	领导办公室	1h
13:00	与分管各区域核对应收款催收情况	1号会议室	1h
14:00	起草从角度对世园最优方案建议语	领导办公室	1h
15:00	参加公司应收账款会议	2号会议室	1h
16:00	向李四了解世园相关信息	领导办公室	1h
17:00	与张三沟通世园会述标等工作	领导办公室	1h

其他　

星期五

⏰	活动简述	地点	时长
8:00	阅读时政材料	随机	40min
9:00	文件审批	领导办公室	40min
10:00			
11:00	周例会	1号会议室	3h
12:00			
13:00 / 14:00	研究三星合作协议	领导办公室	2h
15:00	制订下周工作计划	领导办公室	1h
16:00	找部门负责人聊天（待定）	领导办公室	1h
17:00	找部门负责人聊天（待定）	领导办公室	1h

其他　

星期六

⏰	活动简述	地点	时长
上午	对外活动	球场	不定
下午	对外活动	不定	不定

星期日

⏰	活动简述	地点	时长
上午			
下午			

其他　

图 13-4　周日程安排表 2

有时候，对于非常重要的项目，还要单独跟进。这种情况下，可以使用本周重点工作跟进表（见图 13-5）。秘书要对重点工作进行分解，然后根据领导希望得到反馈的周期，如每日、每周、每月等，去找责任人了解工作进度。

本周重点工作跟进			
本周最重要的工作目标	**实现策略**		
基于周目标分解的今日计划			
日计划	**优先级（高、中、低）**	**完成情况**	**结果分析**
基于周目标分解的明日计划			
日计划	**优先级（高、中、低）**		

图 13-5　本周重点工作跟进表

临时工作

突发情况、临时事件总是难免的，如客户突然到访、突发严重的舆情或自然灾害、重要岗位突然发生人事变动等。

如果日程已经排得很满了，但突然出现一些状况，就需要领导分出一些时间去处理。处理临时工作是很麻烦的，因为秘书需要协调前后的工作，尽量让前面的提前结束，让后面的推迟，这样才能挤出一块时间。

突发状况是难以避免的，因此在一开始安排日程的时候，就应该留出弹性时间。例如，一件事情可能需要花费 40~60 分钟，那么在安排的时候应该按照 60 分钟准备。另外，尽量在两项任务之间预留空白时间段，以备不时之需。

根据这两条原则，我们可以对前面的周日程表做一些细微的调整（见图 13-6）。

- 上午 10：00、下午 3：00 分别预留 20 分钟的空白时间。如果有其他事情，可以放到这个时间段完成；如果没有，就作为休息时间。
- 下午 1：00 的工作重要但不紧急，暂时调整为最后一项。如果下午领导回来晚了，就可以不用调整日程，直接完成后面的工作，最后处理审阅视频这项工作。

⏰	星期一 活动简述	地点	时长
8:00	阅读时政材料	随机	40min
9:00	文件审批	领导办公室	
10:00	与市场部总监商量沈阳办整顿方案及其出差安排	领导办公室	1h
11:00	审查沈阳办、长春办、大连办上周总结及本周计划	领导办公室	1h
12:00	与张三沟通世园会PPT及最优合作方案内容	领导办公室	50min
13:00	审阅公司宣传视频，提改修意见	领导办公室	40min
14:00	与李四谈话，将其调入山东大区	领导办公室	1h
15:00	带张三、李四去世园会交应征文件	领导办公室	1h
16:00	与人资部商议近期人员录用、招募情况	领导办公室	1h
17:00	与王五研究工程下一阶段工作安排	领导办公室	1h
其他			

⏰	星期一 活动简述	地点	时长
8:00	阅读时政材料	随机	40min
9:00	文件审批	领导办公室	
10:00	与市场部总监商量沈阳办整顿方案及其出差安排	领导办公室	40min
11:00	审查沈阳办、长春办、大连办上周总结及本周计划	领导办公室	1h
12:00	与张三沟通世园会PPT及最优合作方案内容	领导办公室	50min
13:00			
14:00	与李四谈话，将其调入山东大区	领导办公室	1h
15:00	带张三、李四去世园会交应征文件	领导办公室	40min
16:00	与人资部商议近期人员录用、招募情况	领导办公室	1h
17:00	与王五研究工程下一阶段工作安排	领导办公室	1h
其他	审阅公司宣传视频，提改进意见	领导办公室	40min

图 13-6　为应对临时工作调整日程表

相对来说，日常工作和重点工作都好处理，因为信息来源统一，秘书和领导没有信息差。但在遭遇临时工作的时候，秘书就很难做好日程管理了。

一般来说，管理越规范的公司，突发情况越少。管理公司和治病救人一样，普通的大夫治已病，高明的大夫治未病。事后救火不如事中控制，事中控制不如事前预防。

传说，扁鹊三兄弟都是医生，一次魏文王问扁鹊："你们家兄弟三人，哪位医术最好？"扁鹊答："大哥最好，二哥次之，我最差。"文王问："为何？"扁鹊答："大哥治病是治于病情发作之前。一般人不知道他事先能铲除病因，所以他的名气无法传出去。二哥治病是治于病情初起时。一般人以为他只能治小病，所以他的名气只及乡里。而我则治病于病情严重之时。一般人看到我穿针放血、开颅破肚，所以认为我医术高明。"

优秀的公司看起来往往平淡无奇。这类公司把搭班子、定战略、带队伍、顺管理都做得很好，因为基本功扎实，所以提前避开了许多大坑，走得平稳。管理混乱的公司每天险象环生、各种情况频发，秘书给领导做日程管理十分困难。

当领导接收到很多临时工作，但很少主动和秘书沟通日程安排时，就常常会出现这样一种情况：秘书以为领导在这个时间段是空闲的，去找领导请示工作，结果发现领导根本不在办公室；或者秘书以为领导在这个时间有空，就向同事承诺这个时间肯定能约上领导，结果跟领导确认时才发现领导已经约了别人了。

如何才能避免这种情况呢？

（1）帮助领导形成使用日程表的习惯

如果一个工具能帮你节省时间、做事更快，你愿不愿意常常使用呢？当然愿意！

有些领导不喜欢使用日程表，也许是因为表格设计过于简单或过于复杂，并不好用。如果你的领导不喜欢使用日程表，你应该先想一想，是不是日程表的设计有问题。

（2）借助日程同步提高工作效率

领导经常接到临时工作，但根本不可能把每件计划外的工作都和秘书同步，当然也没必要事事同步。在外企，很多人喜欢用 Outlook 内置的日程功能，秘书和领导对会议、约谈时间是怎么安排的都清清楚楚。有相当一部分秘书是完全可以自主为领导安排会议时间的，领导到了时间去开会就可以了。领导有了其他安排就告诉秘书，这些时间段不要安排会议。

（3）不要随意承诺，先跟领导确认时间，再约时间

秘书要清楚，领导的日程是经常变动的。当有同事想约领导当面沟通时，要先和领导确认，再回复同事，这样至少不会陷入尴尬的境地。

2."秘书端口"接收的工作

秘书承担着对内、对外沟通及传递信息的责任，所以自然而然地成了信息的交汇点，本书开头描述的那个十万火急的场景就是非常典型的例子。会议准备需要秘书来做，会议材料调整需要秘书处理，增加参会人员只需要秘书通知，部门领导找公司领导沟通需要秘书帮忙约时间。

每天被淹没在海量的信息里，秘书应该怎么办呢？如何在短时间内处理多项工作？

这不是用一些时间管理技巧、提高工作效率就能解决的问题。要想彻底摆脱"每天救火"的状态，就要建立自己的时间管理系统，建立一套可以搜集、记录待办事项，自动对其分类，使其依次进入待处理环节，流水线式的事务管理系统。

这里重点介绍一下 GTD，即 Get Things Done。它是一种时间管理系统，源自《搞定》一书，这本书是时间管理领域的经典之作。

秘书学习时间管理的目的是：把多如牛毛的琐事都记录下来，没有遗漏；保证每个待办事项都能在规定时间内得到处理，没有遗漏，最好也没有错误。

GTD 系统是如何运行呢？请参考图 13-7。

接收到的任务

分解任务，确认下一步行动

2 分钟原则——可以 2 分钟做完吗？

是

现在就做

否

转移原则——是否可以转交别人？

是

现在就做

否

立刻原则——是否需要现在就做？

是

现在就做

否

今天原则——是否必须今天完成？

是

任务列表

否

区分原则——是待办事项还是学习资料？

待办事项

日程表

学习资料

资料库

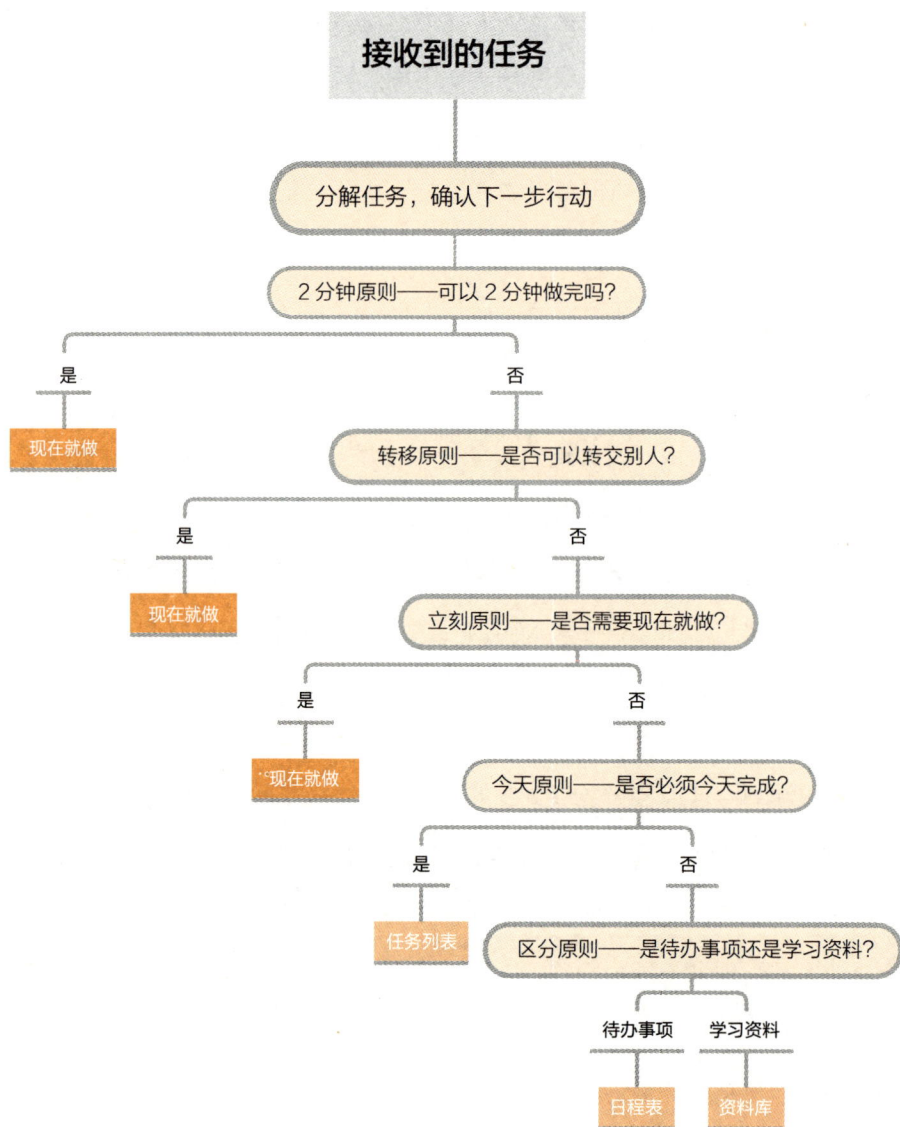

图 13-7　GTD 系统

- 接到一项新任务，先分解成多个下一步行动。现在，很多事情都需
  要协作完成，我们能独立完成的可能只有事件 1 的 B 环节和事件 2

的 A 环节，而事件 1 的 A 环节需要财务部协助，事件 2 的 B 环节需要市场部协助。所以，把任务分解成多个小行动是多任务处理的第一步。

- 把每个下一步行动放到 GTD 系统里。

- 运用"2 分钟原则"，看各项行动能否在 2 分钟内完成。可以在 2 分钟内完成的，不用记录，立刻完成；不可以在 2 分钟内完成的，继续下一步。

- 运用"转移原则"，看各项行动是否可以转交给他人完成。可以转交的，立刻转交给他人，记录好检查时间，今天必须完成的记录在待办清单里，不是今天必须完成的记录在日程表里；不可以转交的，继续下一步。

- 运用"立刻原则"，看各项行动是否需要立刻去做。需要立刻去做的，不用记录，立刻去做；不需要立刻去做的，看看是否必须今天完成，必须今天完成的记录在待办清单里，不是今天必须完成的，继续下一步。

- 运用"区分原则"，看各项行动属于待办事项还是学习资料，属于待办事项的记录到对应日期的日程表里，如下周五上午 10：00 员工大会发言，属于学习资料的放到资料库里。

这样一步步分解下来，需要领导完成的工作统统被放到周日程安排表中，需要秘书完成的工作都被放到了任务清单和日程表中。任务列表里都是需要今天完成的工作，只需要一项项按顺序完成就可以了。其他的工作都记录到相应的日期里，也不用担心遗忘。有用的信息和资料都储存到资料库里，等有空的时候再仔细阅读即可。

俗话说："好记性不如烂笔头。"很好地完成日程管理工作。以电子工具为例，在计算机上可以用 Outlook 和日历，在手机上可以用日历和滴答清单。

建立了这样一套流程，用好了这些工具，你会发现，做日程管理其实并没有那么难！

！ 案例分析

小米的领导 3 月初要出国参加一个活动，因为收到通知的时间比较晚，所以只有 10 天左右的时间用来办理签证。周一上午是为领导去签证中心递资料的时间，时间非常紧，如果错过这个时间，出签就来不及了。小米周日时就和领导确认，第二天上午 10:00 就要从公司出发，保证即使堵车也不会迟到，领导同意了。

周一到了办公室，小米将一些文件交给领导签字时，领导才突然和小米说："今天是周一，上午 10:00 需要与 CEO 视频会议，我们需要推迟一点出发。"小米算了一下时间，回复道："您和 CEO 的会议一般至少需要一个小时，甚至更长时间，如果 10:00 开会，可能会错过去签证中心的时间。需不需要和他商量一下，推迟开会的时间？"领导想了想，说："没关系，我和他开到 10:30。这次我们不开车，打个车过去，省掉取车及停车的时间，应该来得及，你 10:20 的时候打个车。"

见领导这么淡定，小米只好配合他的安排。

10:20 的时候，小米先下楼打了一辆车，在楼下等领导。不一会儿就 10:30 了，可左等右等，就是不见领导下来。小米打了两次手机都没人接，小米便明白他还在开会。小米在出租车里等着，都快要急死了。

　　突然，小米想到，站在领导的立场，与 CEO 的会议肯定比签证更重要。想通了这一点，小米反而不急了。终于，领导在 10：50 下来了，还好，最终并没有迟到，签证也顺利地办下来了。

　　事后，小米反思这件事的时候想：站在我的角度，不能错过签证时间是排在第一位的，但是，如果站在领导的角度，与 CEO 的会议肯定是排在第一位的。如果要更好地配合领导的工作，就要知道领导的优先级。

　　不过，明白和做到之间差了十万八千里的距离。领导之所以是领导，不仅是因为他具有的行业经验、管理能力、魄力及前瞻性，还因为他是领导，拥有秘书所不具备的资源及信息。

　　作为秘书，只有尽力去了解更多的公司运营、战略信息，尽力了解领导的想法，尽量让自己习惯站在领导的立场上思考问题，才能更好地按领导的优先级来处理事情。但是，秘书始终要明白一点，由于自身能力及所处位置的局限性，有时并不能体会领导的用意，理解某项看似不合理的安排。在这种情况下，要记住一个原则：理解要执行，不能理解也要执行。

　　反思了一番之后，小米翻开成长日记，记下了自己的收获：

» 领导的优先级是第一位的；

» 不理解领导做法的时候，试着想一下如果我是领导会怎么样；

» 只有十分熟悉常规工作，在遇到突发情况的时候，才有足够的信息辅助做决定；

» 如果领导都不着急，说明这件事没什么好急的；

» 理解要执行，不能理解也要执行。

常用清单及模板

常用清单

日程管理清单

常用模板

模板 67：总经理周日程安排表

模板 68：本周重点工作跟进表

模板 69：重点项目追踪表

第 14 章

用表格轻松搞定项目管理：活动策划

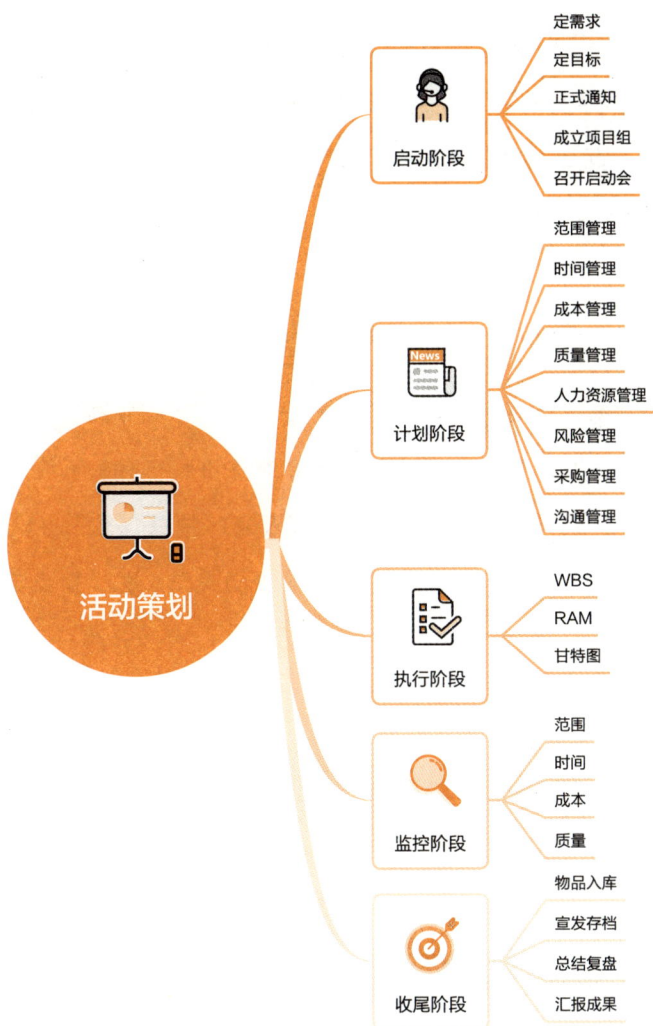

本章思维导图

活动策划

- 启动阶段
  - 定需求
  - 定目标
  - 正式通知
  - 成立项目组
  - 召开启动会
- 计划阶段
  - 范围管理
  - 时间管理
  - 成本管理
  - 质量管理
  - 人力资源管理
  - 风险管理
  - 采购管理
  - 沟通管理
- 执行阶段
  - WBS
  - RAM
  - 甘特图
- 监控阶段
  - 范围
  - 时间
  - 成本
  - 质量
- 收尾阶段
  - 物品入库
  - 宣发存档
  - 总结复盘
  - 汇报成果

"项目"听起来是一个"大词儿",好像金额没有个几十万元都不配叫项目。实际上,在我们的工作和生活中,很多事情都可以归为项目,如下周的生日聚会、公司的外出拓展培训、新房装修、公司年会等。

项目的定义很简单:为创造独特的产品、服务或成果而进行的临时性工作。因此,只要具备临时性、独特性、渐进性这三大特点,就可以被视为一个项目。

项目与日常工作最大的区别在于,项目会受到范围、时间和成本三个方面的约束,项目负责人需要在"铁三角"(时间、范围和成本)中间找到一个合理的平衡点,使所有项目干系人都尽可能满意。

接下来我们就以公司年会为例,一起看看项目是怎么管理的。

一个项目从开始到结束要经历五个阶段,即启动、计划、执行、监控和收尾。五个阶段既各有重点,又相互关联。

- 启动阶段:设定目标,让年会筹备团队"有事可做"。
- 计划阶段:制定工作路线,让年会筹备团队"有法可依"。
- 执行阶段:按图索骥,让年会筹备团队"有法必依"。
- 监控阶段:评估绩效,做到"违法必究",并尽量做到"防患于未然"。
- 收尾阶段:了结年会后续事项,让一切圆满。

1. 启动阶段

启动阶段主要做五件事,即定需求、定目标、正式通知、成立项目组、召开启动会。

定需求

启动阶段的第一件事是定需求。年会目标是根据关键人物的需求而定的，"让大家都说好"不容易实现，甚至是不可能实现的，而且也没有必要，我们能做到的是"让大多数人都说好"。如果能做到"关键干系人满意，非关键干系人没有不满意"，就算是相当成功了。

不过，如果你直接跑去问领导想要把年会办成什么样，那么你得到的回复常常是"大家满意，我就满意。"所以，你最好先了解大家的需求，问参加年会的人"你想要什么"，然后问领导"大家要这些，您看行不行"。如果参加人数非常多，就找最有代表性的那些人，或者找各个部门的对接人。

为了方便，我们可以通过年会需求表（见表 14-1）收集需求。

表 14-1　年会需求表

序号	人员	需求	备注
1	总经理		
2	副总经理		
3	市场总监		
4	财务总监		
5	人力总监		
6	……		

拿着收集来的需求再去找领导汇报，这次你一般能问到更细致的需求，如"我希望通过年会提高员工凝聚力，预算控制在利润额的 1% 内，在公司财年结束后尽快开"。

不同的活动形式可以满足不同的需求，我们先把可选项都列出来，如室内会议、室内大型团队活动、室外拓展训练、旅游、专场演出、专场培训等，再根据领导和大家的需求筛选。

年会一般都要开好几个小时。如果只放松不开会，就会造成"员工爽了、领导怒了"；如果只开会不放松，就会造成"领导爽了、员工哭了"。因此，"会议＋活动"的形式往往是年会的首选，这样可以尽量兼顾所有人的需求，办一场让大家都尽量满意的年会。

前面做的这些工作，目的在于明确目标，而且这个目标不是"我们希望完成的目标"，而是"干系人希望完成的目标"。

定目标

举办年会之前，先要确定这些事项：

- 为什么要开年会？
- 年会的主题是什么？
- 如何给参加年会的人留下深刻的印象？
- 如何达到预期效果？
- 年会要产生哪些可交付的成果？

如果没有确定目标就动手，"成功举办年会"充其量只是一句口号。

正式通知

在确定由你负责项目之后，公司会下发正式的任命文件或通知，告知全公司你将负责这件事情。只有这样，后续你需要某些部门或个人负责相应工作的时候，才有据可依。

年会规模不大的话，通常不设立专门的项目组，秘书只是作为一个接口，负责和其他部门、其他人协调沟通，牵头完成这个项目。公司规模比较大，年会参与人数也比较多的话，就需要成立专门的项目组来完成这件工作。

有关项目的一切都是你的职责范围，大到目标、进度、预算，小到人员、设备、材料，都归你管。项目负责人虽然不需要事必躬亲，但要把工作分配给项目组成员，成员完成的工作不管好坏，项目负责人都要承担最终的责任。

成立项目组

项目没有那么大的话，秘书这个项目负责人就是"光杆司令"，只能起到协调引导的作用。就算只负责牵头，秘书也要搞清楚各部门的对接人是谁，不然等有事的时候都不知道应该找谁沟通。

如果举办大型活动，领导还会安排别人配合你。这时候要注意，小组成员一定要精挑细选，宁缺毋滥。

召开启动会

项目启动会就像足球运动中的开球，目的是告知球员、教练和观众，这场比赛开始了。

在项目启动会上要做几件事：正式宣布年会项目启动，告知相关部门和人员，记录项目初衷和主要目标。

因为这是该项目的第一场正式会议，因此需要向参会人员介绍项目目标，以确保项目人员对项目目标有清晰的认识，大家向着同一个目标前进。在没有和领导沟通之前，谁也不知道公司更看重时间、成本和质量中的哪一个。有的公司会把质量放在首位，有的则更看重时间。因此，项目目标的完整表述应该是"花多少钱、用多长时间、达到什么样的质量标准、可交付成果是什么"。

在项目启动会上还要向干系人介绍里程碑事件，里程碑事件就是项目中重大的节点，如果没有按时按质完成，就会影响后面的工作进度。其目的在于让参加会议的人员知道项目的开始和结束时间、项目分为几个阶段及各个阶段的开始和结束时间，什么时候应该做什么事情。

在项目启动会上要明确项目组的组织结构和角色分工，各个层级的负责人是谁，各小分队负责联络沟通的人员是谁。明确组织结构可以避免大家各干各的，谁也说服不了谁。而且，无论是组内还是组外，都明白什么事情应该由谁去找谁沟通，避免了跨级沟通或小范围沟通造成的信息不对称。一般情况下，不同小组会指定一个人负责与其他小组沟通。这样做的好处在于可以保证团队意见的一致性和唯一性。在团队之间，这个人就代表整个团队的声音，减少了互相矛盾的信息在团队之间传递的可能性。

每个角色都要有清晰的职责，每个角色的职责都要在会议中做详细的说明。这样做的好处在于，在项目初期就明确了每个人的角色和职责，方便相关人员寻找对应的人做对应的事情，即专人做专事。职责明确了，遇事踢皮球的情况也就可以避免了。

至此，项目启动会成功召开，也标志着项目正式启动了。

在启动阶段，我们可以做一份初版方案，不用非常详细，列出大概的流程就可以了。先把大方向定下来，剩下的在第二阶段精雕细琢。这样一来，领导心里有数，项目组成员做事时也不会六神无主。

2. 计划阶段

对任何项目来说，计划阶段都是整个过程中最重要的阶段。在计划前，至少要想清楚下面这些问题。

- 需要做哪些事情，分别做到什么程度就可以了？——范围管理
- 什么时候开始，什么时候结束？——时间管理
- 项目预算是多少，领导能接受的范围是多少？——成本管理
- 项目成功的标准是什么？——质量管理
- 可以把哪些人拉进项目组，谁可以协助完成项目？——人力资源管理
- 可能会有哪些干扰因素？哪些可控，哪些不可控？——风险管理
- 需要采购哪些物品，怎么签订合同？——采购管理
- 应该和谁沟通，以什么频率，沟通什么内容？项目进度和项目结果向谁汇报，谁最终判定项目成败与否？——沟通管理

范围管理

确定范围就是要确定，为了满足需求、达到质量标准，需要做哪些事情。确定了大概范围，就可以计算需要的时间和成本，再根据时间和成本确定精确范围。这三项相互影响，所以需要反复计算。

（1）确定年会项目范围

确定年会的项目范围就是确定要完成的任务，明确收集来的需求哪些将被包含在项目范围内，哪些将被排除在项目范围外。

例如，可能需要和各大区分别联络，核算参加人数，开始联络场地、

餐厅等。预算还需要进一步确定，财务部门不批钱的话，什么都做不了。至于食宿方面，最好根据需求亲自去试一下，尝尝菜、试住一下，务必保证安全舒适。

根据收集来的信息，可以列出一个大概的"年会范围表"（见表14-2）。

表14-2　年会范围表

序号	任务（项目范围）	产出物	备注
1	确定年会时间	准确时间	
2	确认参会人数	参会人员表	
3	联系场地	3个可选项	
4	联系餐厅	3个可选方案	
5	确定预算	大概范围，误差不超过1万元	
6	邀请嘉宾	嘉宾邀请表	
7	媒体宣传	媒体邀请表	
8	年会会议	会议议程表	
9	活动流程	活动流程表	
10	年会晚宴	晚宴菜单	
11	风险预案	风险预估及解决方案	

大公司的年会有时候会全部或部分外包，如果你们公司也打算这么做，在做范围管理时就要划分清楚，也就是把需要自己做的和外包的分开，分别管理。外包就是为了省心省力，所以这部分的管理粒度比自己做的那部分粗不少，把控好每一项产出物的质量就可以了，细节可以不用管。

注意，如果是复杂程度不高或外包的工作，就要分解得粗一点；如果是技术含量高、风险大的工作，就要分解得细一些。

做范围管理时要特别注意一点，那就是不要"镀金"！不要"镀金"

就是不要超出约定范围。交付的成果应该是不多不少，少了肯定不行，多了就成了画蛇添足，有时候还会出现做得越多、错得越多的情况。要想避免费力不讨好的情况，除了详细计划，别无他法。

针对项目范围的详细计划可以通过逐级分解可交付成果得到。任何项目都是一个复杂的动态系统，任何一点变化都会引起整个系统的连锁反应。为了把这个系统分析清楚，我们可以使用工作分解结构（Work Breakdown Structure，WBS），化整为零，把大的分解为中的，中的分解成小的，小的分解成更小的，直到可以操作的程度。

真正的专家是能把复杂问题简单化的人。

（2）创建 WBS

接下来，需要把收集来的内容做成 WBS。

刚开始分解的时候很难一步到位，推荐使用 XMind 打草稿，把自己能想到的都记下来（见图 14-1），然后再找问题，做进一步修正。

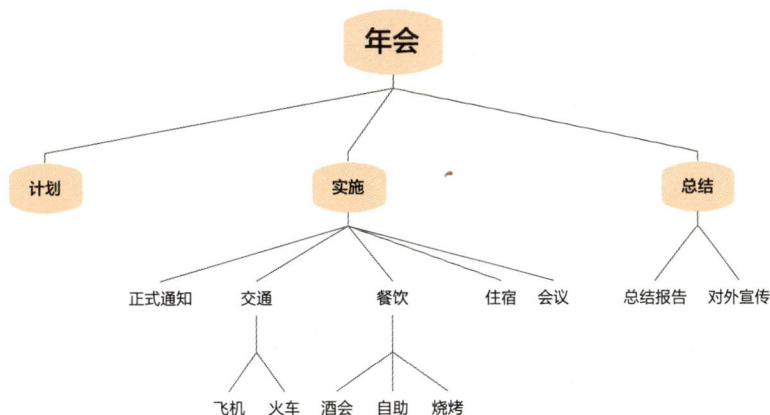

图 14-1　WBS 初稿

发现的问题如下。

- 缺监控阶段。没有监控，风险就像脱缰的野马，跑到哪里只能听天由命了。

- WBS 就像一棵树，从视觉上看，现在画的这个 WBS "实施" 这一支最茂盛，也就是任务最重。但实际上，应该是 "计划" 这一支最茂盛，项目成功与否主要看前期计划做得好不好。年会这种项目的特点是前期长、中期短，所有的功课都要在前期做足，这样到了交付期才不至于丢三落四、手忙脚乱。因此，"计划" 部分要再细分。

- "实施" 部分的某些工作分解过细，如 "交通" 下的 "飞机 / 火车" 是要选择的交通方式，不是要做的工作。切记，分解的是工作，不要加入可选项或采购清单。

修正后的 WBS 如图 14-2 所示。

年会项目有很多种分解思路，既可以按项目阶段分解，也可以按职能与分工分解。不管按哪种思路分解，都要符合三个原则：

- 上一层完全包含下一层；

- 分解的模块界限清晰，可以把责任落实到人；

- 没有遗漏项。

之后，就可以做出 WBS 表了（见表 14-3）。

举办大型活动时几乎没有哪一次能事先确定所有事项，都需要反复沟通磨合，甚至活动都开始了，还有变动。但这并不代表工作没办法开展，我们可以先完成再完善。

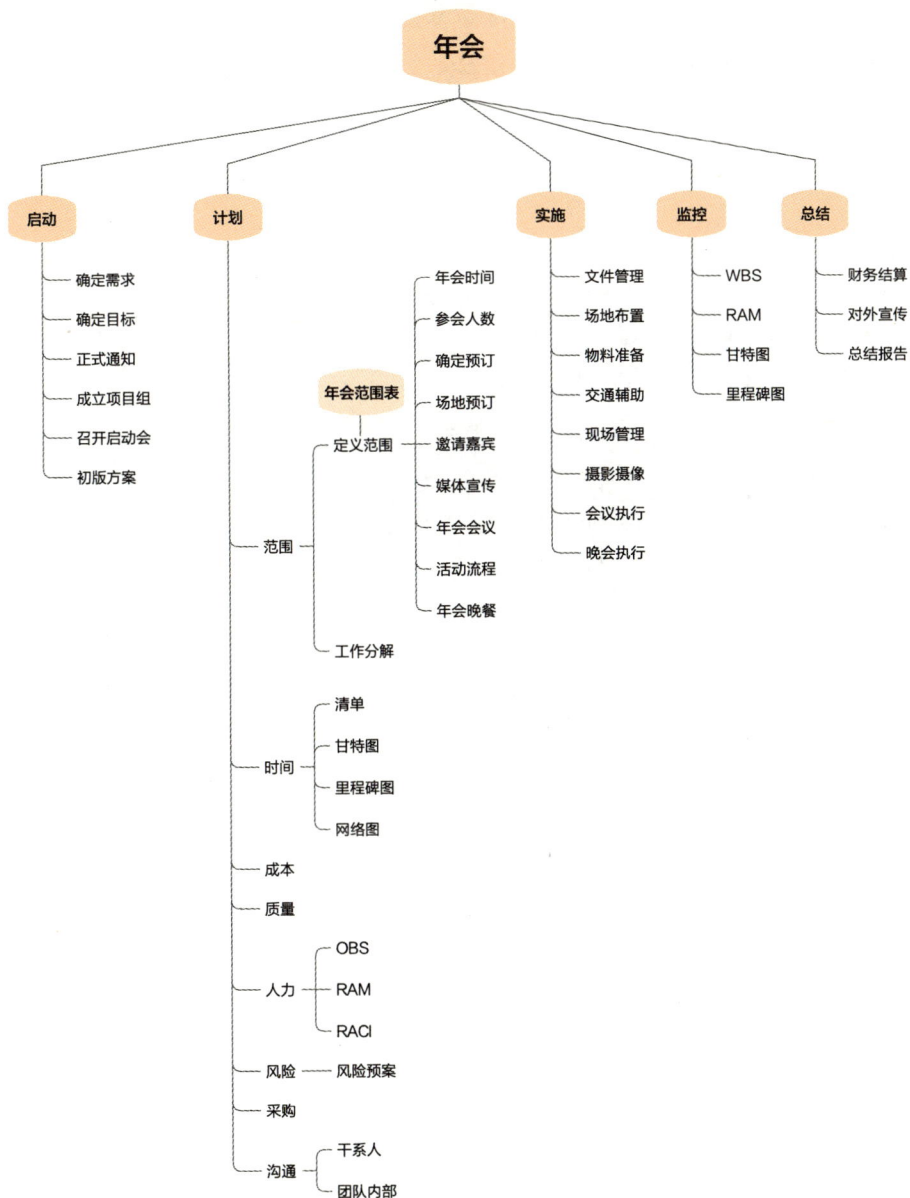

图 14-2 修正后的 WBS

表 14-3　WBS 表

序号	年会项目	描述	起始日期	结束日期
1	启动			
1.1.1	确定需求	需求收集表（高管＋员工）提交		
1.1.2		需求收集表（高管＋员工）反馈		
1.1.3		需求收集表（全体人员）修改版提交		
1.1.4		需求收集表（全体人员）确定		
1.2	确定目标	确定年会目标		
1.3	正式通知	正式通知全公司		
1.4	成立项目组	宁缺毋滥，合适最重要		
1.5	召开启动会	项目组第一次正式会议		
1.6.1	初版方案	活动方案提案稿提交		
1.6.2		活动方案提案稿反馈		
1.6.3		活动方案修改版提交		
1.6.4		活动方案修改版反馈		
1.6.5		确定外包商		

时间管理

时间管理十分重要，需要专门拿出一大块时间来预估时间，给 WBS 里的各个事项排出先后顺序。

常用的时间管理工具主要有三种，分别如下。

- 活动清单。这是最简单的工具，适用于特别简单的项目。

- 里程碑图。里程碑事件表示项目中非常重要的事件，里程碑图仅标示主要可交付成果和关键外部接口的计划开始或完成日期，主要用于向领导汇报。领导不关心细节怎么执行，只想知道能不能做好、什么时候能做好。里程碑图可以很好地解答这两个问题，重要事情都涵盖了，时间和顺序安排都很清晰，领导看得清清楚楚，自然放心。

- 甘特图。与里程碑图相似，在甘特图中，横轴是日期，纵轴是活动进度，活动持续时间用条形图表示。甘特图简单易读，当领导想知道具体时间安排时，也可以用于汇报情况。当然，甘特图更多地应用于各个活动的执行和监控（见表 14-4）。有人戏称："人手一张甘特图，办啥活动都不愁。"

表 14-4　年会项目进度表（甘特图）

序号	项目	描述	起始日期	结束日期	1	2	3	4	5	6
1	启动									
1.1.1		需求收集表（高管＋员工）提交								
1.1.2	确定需求	需求收集表（高管＋员工）反馈								
1.1.3		需求收集表（全体员工）修改版提交								
1.1.4		需求收集表（全体员工）确定								

按照甘特图中的工作安排，项目组的每个成员都会明白，每做一项工作，都需要上一项工作的负责人提供支持，也要为下一项工作的负责人提供成果。这些相互关联的工作其实就是环环相扣的价值链条，每个环节的责任人都是上一个环节的客户。一个环节出问题，整个链条就断了。善用甘特图可以大大提高项目组的凝聚力和团队协作力。

成本管理

成本管理包括三个部分，分别是确定预算、记清账目和控制预算。

（1）确定预算

在年会项目刚启动的时候，就要跟领导确定大概的预算是多少。这时拿到的数字并不准确，只是一个大概的范围。在成本管理阶段，需要统计、计算详细的费用，向领导汇报，确定较为准确的数字。具体方法是在WBS表的基础上，根据每项任务估算大概需要花多少钱，然后汇总金额，得出总预算。

预算表包括总预算表（见表14-5）和预算明细表，预算明细表包括"媒体投放表"（见表14-6）、"物料清单"（见表14-7）、"大型设备清单"（见表14-8）等。

表 14-5　总预算表

序号	项目	内容	说明	数量	单位	单价（元）	小计（元）
1	场地	香格里拉会议厅		1	个	3000	3000
		香格里拉迎宾厅	35 米 × 15.5 米（可容纳 500 人）	1	个	5000	5000
2	物料						
3	大型设备						

表 14-6　媒体投放表

媒体	形式	链接	发布时间	效果统计	费用统计
×× 公众号	线上图文				
×× 公众号	线上图文				
×× 公众号	线上图文				
×× 报纸	报纸				
×× 报纸	报纸				
×× 报纸	报纸				
×× 网站	线上图文				
×× 网站	线上图文				
×× 网站	线上图文				

表 14-7　物料清单（部分）

序号	类别	物料	制作要求	尺寸	单价（元）
1		嘉宾桌卡	三角桌卡	A5 三折	
2		主持人手卡	250 克铜版纸印刷	9 厘米 ×14 厘米	
3	制作	麦克风 Logo 盒	KT 板裱写真画面喷绘	5 厘米 ×8 厘米	
4		桌牌	1-26 号，KT 板双面	直径 15 厘米	
5		晚宴指示牌	油画架 +KT 板，文字内容为"晚宴"	60 厘米 ×90 厘米	

表 14-8　大型设备清单

位置	名称	数量	单位	单价（元）	小计（元）
主会场	P3 LED 大屏幕长 24 米 × 宽 4.5 米	108	平方米		
	DVI 光纤传输器	7	套		
	戴尔 21.5 英寸液晶监视器	4	台		
	提词屏，60 英寸液晶电视	2	台		

（2）记清账目

所有花钱的地方、每一笔支出都要记得清清楚楚。

（3）控制预算

年会虽然不算特别大的项目，但花钱的地方真不少，大到宴会厅、活动厅预订，小到曲别针、电池采买，都要从有限的预算里拿走一块。

大家都知道要省大钱，都会在订宴会厅的时候使劲儿砍价。不过，元旦前后是各大公司办年会的高峰期，能订上都不错了，别说砍价了，不涨价都算好的了。而小东西不起眼，又很容易被忽视，不管是谁提交采买申请，负责人往往大手一挥就批了："买！"积土成丘，集腋成裘，零零碎碎的东西买多了，最后也是一笔不小的支出。

很多时候，预算超标不是因为大件贵，而是因为没有对小件采买加以控制。乱七八糟地买了一堆东西，最后又用不完，但这些都是要算到年会成本里的。如果金额太高或预算超标，在总结汇报的时候就很尴尬了。从这一点来说，办年会就像当管家，手紧一点，家里就有余钱了；手松一点，家里的米缸就见底了。

质量管理

质量管理与其他管理过程相互影响，所以一般都是并行开展的。例如，为了满足既定的质量标准而对可交付成果提出变更建议，就可能导致成本或进度计划调整，并需要就该变更对相关计划的影响进行详细的风险分析。

在确定各方需求的基础上，要明确质量指标、项目可交付成果的多少等。如果能做到数量上不多不少、时间上不早不晚、等级上不高不低，恰到好处，干系人想不满意都难。

人力资源管理

对项目管理来说，人力资源管理包括组织、管理与领导项目团队的整个过程。

（1）组建项目团队

对于大一点的年会，可以成立项目组，从各部门抽调几个人协助办活动。这些成员本身都有自己的工作，需要单独抽时间来完成项目组的工作，所以经常会出现年会任务和本职工作冲突的情况。一旦发生冲突，项目组成员自然是先做本职工作，再做项目组的工作。对项目负责人来说，这不是一件好事。因此，工作分解之后要做好 WBS，把任务分配给项目组的各个成员，每人负责一块，同时明确每个人的责任，这就是责任分配矩阵 RAM（见表 14-9）。

RAM 的一种变形是 RACI 表（见表 14-10），不用自己定义每个人的责任，可以直接在执行、负责、咨询和知情这四项里面选择。RACI 表更适合新手使用。

- 谁执行（Responsible），负责执行任务的角色，具体负责操控项目、解决问题。
- 谁负责（Accountable），对任务负全责的角色，只有经其同意或签署，项目才能进行。
- 咨询谁（Consulted），在任务实施前或实施中提供指导性意见的人员。
- 告知谁（Informed），及时被通知结果的人员，不必向其咨询、征求意见。

表 14-9　年会 RAM 表

序号	年会项目	描述	起始日期	结束日期	1	2	3	4
1	启动							
1.1.1		需求收集表（高管＋员工）提交						
1.1.2	确定需求	需求收集表（高管＋员工）反馈						
1.1.3		需求收集表（全体人员）修改版提交						
1.1.4		需求收集表（全体人员）确定						
1.2	确定目标	确定年会目标						
1.3	正式通知	正式通知全公司						
1.4	成立项目组	宁缺毋滥，合适最重要						

表 14-10　RACI 表

RACI 图	人员				
活动	安妮	本	卡洛斯	蒂娜	埃德
制定章程	A	R	I	I	I
收集需求	I	A	R	C	C
提交变更请求	I	A	R	R	C
制订测试计划	A	C	I	I	R

R= 执行　A= 负责　C= 咨询　I= 知情

（2）建设项目团队

车子没油不跑，人也一样。别指望项目组成员自觉地把活儿都干了。要想让项目组的成员都动起来，就需要你这个负责人挨个"给油"。

（3）管理项目团队

要借助 RAM 表跟进团队成员工作表现，检查结果质量。对于完成情况好的，要及时表扬；对于完成情况不好的，要明确指出问题。必要的时候，对于能力不太够的成员，可以直接提供解决方案。毕竟这个项目组只是临时成立的，项目结束也就解散了，没有必要潜移默化、循循善诱地培养团队成员。

另外，最好做一份详细的"联系人名单"（见表 14-11），这样联系起来会非常方便。

表 14-11　联系人名单

序号	项目	内容	负责人				
			职务	姓名	电话	邮箱	备注
1	项目监督	项目总负责人					
2	项目总控	项目总调度					
3	搭建	搭建管理					
4		彩排					
5		演讲嘉宾对接					
6		主持人对接					
7	舞台	上台口					
8		下台口					
9		控台					
10		物料、桌卡、椅背贴摆放					

风险管理

有风险是项目的常态，而人是项目最大的风险。

风险的最大特点就是随时在变，风险管理的目的就是实现机会最大化、威胁最小化。为了尽量降低突发事件造成的影响，往往要提前制作"风险预估及解决方案表"（见表 14-12）。

表 14-12　风险预估及解决方案表

风险类型	风险描述	可能造成的危害	解决方案
极端天气	大雾、冰雪、大风等恶劣天气	部分参会人员无法参会	若 2/3 的人无法参会，则将会议延后一天
车辆故障	嘉宾均自驾参会	车辆可能因各种原因无法启动	准备 3 辆机动车，配专职司机
医疗救护	参会人员拥挤	可能出现踩踏、磕伤或其他常见伤害	准备常用的医疗器具和药品（如体温计、便携式吸氧器、速效救心丸等）
停电	会场设备多、用电量大	突然停电非常影响年会效果和公司形象	与酒店提前沟通，确认供电能力，准备备用电源和荧光棒

采购管理

任何项目都不可能一个人从头到尾完成，有时候需要请专业的人来做专业的事，也就是项目外包。采购管理的主要内容之一就是项目外包。外包之前要搞清楚自己的需求，外包本来就是为了省事，找一家不合适的外包公司相当于花钱找罪受。

甲方管项目，乙方做项目，关注点不一样，管理模式和重点也不同。作为买方，甲方关心的是物有所值，项目管理的重点有两个：首先，在项目启动之前进行严谨的论证，证明项目是可行的、必要的；其次，管理好乙方，检查乙方是否充分理解自己的需求，并且通过阶段审核确保这些需求得到满足。具体的工作可以交给乙方去完成。

乙方则以卖货挣钱为目的，通过自己的劳动满足甲方需求。因此，乙方所做的项目管理远比甲方细致。因此，必须先分清楚哪些工作可以由乙方完成，哪些只能自己完成。

沟通管理

项目负责人的绝大多数时间都用于与干系人和团队成员沟通，无论这些人是来自组织内部还是外部。有效的沟通可以在项目干系人之间架起一座桥梁，把各方联系起来。

沟通管理主要包括干系人沟通和项目内部沟通。

（1）干系人沟通

此次年会的一级干系人是公司领导、高管和他们的家属，二级干系人是邀请来的客户和媒体，三级干系人是公司员工。

注意不要把收集来的需求一股脑全抛给领导，如果你在邮件中只写"领导，这是我收集的需求，请审批"，那么领导肯定不会满意。工作有轻重缓急，信息有长短多寡。领导每天要面对很多工作和信息，没有时间和精力全部了解，排序、筛选和建议是秘书的职责。记住，领导不做论述题，只做选择题。

干系人沟通的要点有两个，分别是制订沟通计划和定期发布项目报告。

沟通计划的内容包括如何识别干系人，需要什么信息，什么时候要，详细程度如何，以什么方式传递，是否需要反馈，需要什么样的反馈，由谁收集和保管这些信息等。

定期项目报告是从"领导分配给你的工作进展如何"这个角度写的，汇报对象是领导。项目进度及相关问题才是报告的重点。至于多长时间汇报一次，要看项目的复杂程度和项目周期。例如，对于为期 12 个月的项目，最好每周开项目团队碰头会，每个月提交一次报告。如果项目周期只有 3 个月，按月汇报就不行了。如果出现重大意外，必须及时沟通，不能延误。

（2）项目组内部沟通

项目组内部沟通必须准确、及时、公开。

最好在项目刚启动的时候就建立一个信息共享平台，小项目建个群就可以了，大项目可以通过"邮件＋多个群"的方式沟通。项目时间紧、任务重，如果信息不能及时沟通，不仅会带来很多麻烦，还会让不愿意干活儿的人有了推诿的借口。

3. 执行阶段

计划阶段做得好，执行阶段拿着几个最重要的表执行就可以了，这几个表就是 WBS 表、RAM 表和甘特图。

- WBS 表列出了所有的分解工作，这些工作完成，项目就成功了。
- RAM 表列出了每个人在每项工作中的职责，谁该干什么事情清清楚楚。
- 甘特图展示了每天应该启动、应该做、应该结束的工作，这样时间就把握住了。

执行阶段事务繁杂，需要使用详细的表格，如"场地布置计划表""礼仪培训计划表""摄影培训计划表"等。

4. 监控阶段

监控阶段的重点是范围、时间、成本和质量。

- 范围：做完该做的就行了，防止团队成员"镀金"。
- 时间：借助甘特图把控好每件工作的进度。
- 成本：严格按照预算采购，预算时时挂在心上。
- 质量："死磕"每件事情不现实，在大部分情况下，盯住里程碑事件即可。

项目越到临近结束的时候风险越大，越需要小心。正所谓"行百里者半九十"，越接近成功，越要认真做事。

5. 收尾阶段

收尾阶段的主要工作是年会项目验收，要保证项目成果确实满足了相应的要求，每一项细小的工作都已完成，没有遗漏的项目。

项目验收完成后，还要进行资料整理、视频宣发等工作，并总结经验，整理相关文件，形成项目档案。做总结可以帮助我们找出不完美的细节，为提高下一个项目的决策水平和提高整体的项目管理水平打好基础。

至此，年会这个项目就圆满地完成了！

❗ 案例分析

　　小米是今年公司年会的负责人，也是主持人。紧锣密鼓地准备了两个星期，还有 40 分钟年会就要开始了，小米开始觉得有点紧张，不知不觉把手里的一大瓶矿泉水都喝光了。不一会儿，不知道是水喝多了，还是太紧张了，小米觉得肚子一阵一阵地疼，看看表，只有 20 分钟了，她赶紧往卫生间的方向跑过去。没想到，她跑的时候没看见地上有积水，"扑通"一声就滑倒了。路过的同事正好看见，赶紧把她扶起来。小米马上发现一件很糟糕的事：不仅 10 厘米的高跟鞋摔断了根，自己的脚也扭伤了，疼得厉害。

　　小米想，我肯定主持不了了，得赶紧想办法。小米叫来主持组的其他三位同事，说："太不好意思了，我刚才不小心把脚扭了，现在站起来都费劲儿，一会儿主持我不能上了。现在眼看就要开始了，也没时间换人了，辛苦你们三个匀匀词，把我负责的部分每个人分一点，大家觉得可以吗？"三位同事一看小米摔成这样，也只好点头。

　　小米坐着看了一会儿，觉得除了刚开始时三位同事有点没适应过来，到后面配合得很好，也就放下心来。她拿出年会安排表，打算检查一下其他工作进行得怎么样了。刚掏出安排表，"咔"的一声，台上的音响突然没有声音了，大厅的灯闪了两下，也灭了。

　　小米一下慌了，猛地站起来，"哎哟"一声，又跌坐回座位，她一激动忘了自己脚扭了。小米赶紧给酒店经理打电话，酒店经理也急得不行，说可能是年末周边用电多，刚才这间房间跳闸了，酒店的工程部正在抢修，估计 15 分钟就能修好。

小米赶紧让同事把自己扶到领导那里，解释道："领导，咱们这运气真是绝了，这么多房间，就咱们这间跳闸了。酒店经理说他们正在抢修，预计 15 分钟能修好。您看，现在也放不了音乐，用不了话筒，节目没法继续了，吃饭大家也看不清楚。我有一个想法，您看行不行啊？"领导显然不是特别高兴："什么想法？""您看能不能玩个真心话的游戏，让大家想一想最感谢公司的谁，给对方发一条消息。"领导眼睛一亮，说："这个主意不错，加一条吧，不能发给自己的领导，不能发给自己部门的人，促进一下部门之间的关系。"小米一听，拍手赞叹："这样效果肯定更好了！"

果然，大家一听，都觉得很新鲜。会场灯光昏暗，大家都低着头拿着手机思考自己要感谢谁，发什么内容。过了一会儿，各种手机提示音响起来了，很明显，大家都收到了别人发来的感谢语。餐厅里大家说说笑笑，低声讨论，一时间氛围竟然比刚才唱唱跳跳时更好。

突然，大厅的灯重新亮起来，来电了。在明亮的灯光下，小米看见一些同事在冲另外一些同事远远地挥手，一些同事还在低头发消息，一些同事高兴地嘴巴都合不拢了。小米心想，这一关总算是过了。

年会结束，小米回到家之后，不知道是太累还是太兴奋，根本睡不着，就把成长日记拿出来，开始做总结。今天，小米写在笔记本上的是：

» 重要活动开始之前少喝水；

» 遇到事情不要慌；

» 注意安全措施，保证地面无积水；

» 凡事都要准备第二套方案；

» 负责重要活动时，尽量不要给自己安排事务性工作。

常用清单及模板

常用清单

项目管理清单

常用模板

模板 70：场地布置计划

模板 71：礼仪培训计划

模板 72：摄影培训计划

第 15 章

成为"千手观音"一样的秘书：思路

本章思维导图

- 思路
  - 想在前面
    - 预则立，不预则废
    - 不深思而得者，其得易失
  - 善假于物
    - 模块化
    - 流程化
    - 标准化
    - 清单化
    - 可视化
  - 善假于人
    - 领导
    - 高管
    - 同事

很多小伙伴可能都会有这样的经历：自己正忙着写昨天会议的会议纪要，突然电话响了，电话是合作方打来的，对方希望和自己的领导约个时间吃晚饭。你客套了半天，挂了电话，还没来得及坐下，市场部同事过来要签好字的文件。你找了一会儿，发现文件还在领导办公室等着签字，只好跟同事解释一番，让他下午再过来。送走同事，刚坐下，领导发来消息，问你上周出差的费用报销了没有。你还没来得及回复，品牌部又发来消息，问上次你跟领导去新厂区的时候是否拍了照片，他们想找一些素材……

秘书工作繁杂琐碎，每天的事情多得像天上的星星，数都数不清。我做秘书的时候，恨不得能像孙悟空一样，拔几根毫毛变出四五个分身，一起帮我干活儿。

杂事总是那么多，我开始琢磨有没有什么办法可以让工作稍微轻松一些。经过多年的探索和实践，我总结出了三个方法，这三个方法帮我从繁重的事务性工作中解脱出来，也让我有了更多的时间去学习新的东西。我衷心希望这些方法也能帮到你！

1. 想在前面

凡事预则立，不预则废。如果在扔烟头的时候立刻踩灭它，就不会有后面怎么扑也扑不灭的大火。一个不小心，损失千千万。

很多人喜欢率性而为，想那么多干什么，干就完了！人家说这句话的本意是劝人不要患得患失，有些人却把这句话当作不思考的借口。有的人脑子一热想出一个主意，既没有充分思考，也没有充分论证，就盲目地开始干，干的过程中才发现这也不对那也不对，实际情况和自己想象的完全不一样。到最后只能作罢，他们还不忘抱怨一句："我的运气怎么这么差，老天真是不公平，别人干什么都顺风顺水，我干什么都不顺！"

曾国藩说过："不深思而得者，其得易失。"如果在做事之前进行一番深入细致的思考，把相关的利害得失考虑清楚，把可能遇到的问题想在前面，做好预案，那么行动的时候就会比较容易达成目标，就不会这么"不顺"了。

就像前面提过的领导让开发票的事件，就是非常典型的"提前准备事事易，后来找补处处难"的例子。如果能在业务发生的时候就把发票开好，那么等到后面报销的时候，就不用浪费那么多时间在找发票上了。

因此，做事情一定要想好了再做。事前的深思熟虑可能会多花一点时间，但与匆忙上阵、无疾而终相比，多投入一些时间肯定是值得的。

2. 善假于物

在探索怎样才能更省力的道路上，我曾有过一些不切实际的幻想。例如，我曾经试图记住一件事情的方方面面和所有细节，这实在太难了！要想记住所有的事情，就要投入很多时间，这么做往往很不值得，投入产出比太低。

怎样才能在保证质量的前提下更快地完成工作？答案就是"善假于物"这四个字。

荀子云："吾尝终日而思矣，不如须臾之所学也；吾尝跂而望矣，不如登高之博见也。登高而招，臂非加长也，而见者远；顺风而呼，声非加疾也，而闻者彰。假舆马者，非利足也，而致千里；假舟楫者，非能水也，而绝江河。君子生非异也，善假于物也。"

模块化

秘书工作涉及范围大、对接部门多、工作内容琐碎，新人常常会心生畏惧，觉得这项工作太难了。实际上，就像本书的结构一样，秘书工作也可以划分为入门、初级和进阶这 3 个部分，共 14 个模块，如图 15-1 所示。

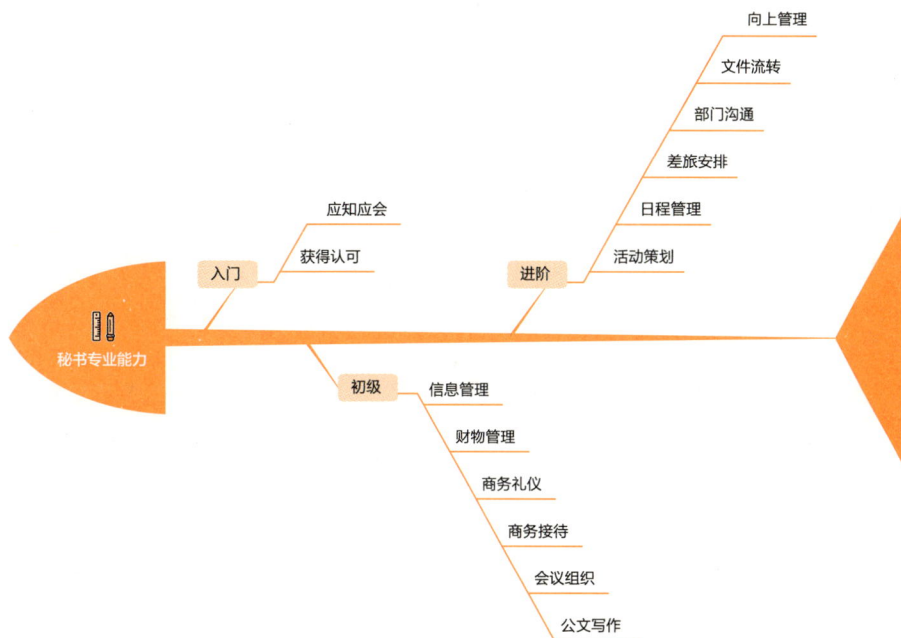

图 15-1 秘书专业能力

我们一起来看看董事长秘书的岗位职责。一般来说，董事长秘书岗位有 15 个单点工作。

- 协助董事长处理日常工作，确保上下级各类信息的传递、跟进、反馈及时有效。

- 整理各类文书、文件、报告、总结及其他材料，负责董事长有关文件和材料的起草、翻译、审核和发布工作，如讲话文稿、演示 PPT、商务文件等。

- 负责安排董事长各项会议的议程，撰写和跟进落实公司会议纪要，并检查督促会议决议的实施、推进事项进度并及时汇报。

- 负责重要客户的接待工作。
- 协助董事长做好日常工作的日程安排及完成董事长授权和交办的其他事务性工作。

改用模块化的思路，再来看一下，你会发现这个岗位其实只有 5 个模块，每个模块包含几个单点工作，一共是 5 个模块、15 个单点工作。

- 协助董事长处理日常工作，确保上下级各类信息的传递、跟进、反馈及时有效。——上传下达
- 整理各类文书、文件、报告、总结及其他材料，负责董事长有关文件和材料的起草、翻译、审核和发布工作，如讲话文稿、演示 PPT、商务文件等。——商务公文
- 负责安排董事长各项会议的议程，撰写和跟进落实公司会议纪要，并检查督促会议决议的实施、推进事项进度并及时汇报。——会务管理
- 负责重要客户的接待工作。——商务接待
- 协助董事长做好日常工作的日程安排及完成董事长授权和交办的其他事务性工作。——日程管理

按模块分类之后，是不是感觉秘书的工作内容清晰多了？

常规分类和按模块分类之间的区别，就好像传统建房方式与装配式建房方式的区别。用传统的方式盖房子，需要使用砖头、水泥、钢筋、混凝土，一块块砌，一点点浇灌。装配式建房就像造汽车一样，墙、窗户、楼梯等构件都是在工厂预制好的，运送到工地，像搭积木一样，直接拼起来

就行了（见图 15-2）。

图 15-2　装配式建房

斯坦福大学经济学教授青木昌彦提出了模块和模块化的定义：模块是指半自律的子系统，模块化是指通过和其他同样的子系统按照一定的规则相互联系、相互整合而构成的更加复杂的系统或过程。

模块有三个特点：

- 模块可以按照一定的标准统一起来，即标准化；
- 模块可以按一定的规则组织起来，即流程化；
- 模块可以组合或进一步分解为小模块，这使得模块拥有更多组合、分解的可能性。

按照某种规则将小模块组合排列，构成模块，这就是模块组合。反过来，将一个模块按照一定的规则分解为小模块，这就是模块分解。

例如，领导让你做重要领导的接待方案，你之前根本没做过，这时应该怎么办呢？你可以把商务接待分解成商务午宴和会议组织两个模块：

- 商务午宴可以分解为点菜和司机接送；
- 会议组织可以分解为会议室布置和商务公文（见图 15-3）。

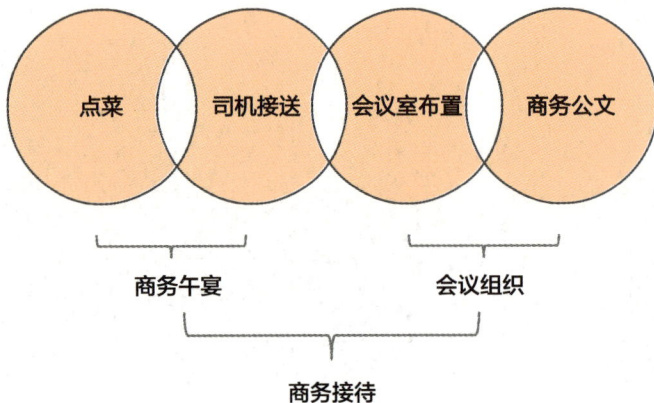

图 15-3　商务接待工作的分解

　　点菜你会，会议室布置你之前也做过，因此你可以从这两个熟悉的小模块入手。下一步，你可以研究一下怎么与司机沟通，保证他顺利地完成接送任务，再研究一下商务公文怎么写。这样一来，你本来不会的商务接待就了解得差不多了。

　　模块化的好处在于：你可以把小模块组合成大模块，这可以减轻心理压力，降低出错的概率；你也可以把大模块分解成小模块，这可以帮你迅速完成看似从未做过的工作。

流程化

　　1769 年，英国人乔赛亚·韦奇伍德开办埃特鲁利亚陶瓷工厂，在工厂内实行精细的劳动分工。他把原来由一个人从头到尾完成的制陶流程分成几十道专门的工序，分别由专人完成。这样一来，原先的制陶工就不存在了，有的只是挖泥工、运泥工、拌土工、制坯工等。制陶工匠变成了陶瓷工厂里的工人，他们必须按固定的工作节奏劳动，服从统一管理。这就是工业流水线的雏形。

流水线的发明对制造业来说是一场技术变革，流水线生产极大地提高了工作效率。早期的手工制造业依靠大量的人工作业，这种工作方式要求每个工人都要了解成品的完整制造过程。要想快速制造出一个成品，必须对整个工序、流程非常熟悉，这在无形中提高了对工人素质的要求。流水线使手工制造业实现了半自动化，加快了生产速度。每个工人只需要熟悉整个流程中的一道工序，这既降低了对工人的要求，也加快了工人熟悉业务的过程，还使工人的工作速度得到了提升。流水线不仅促进了制造业的飞速发展，还催生了量化的生产管理。

借助流水线，企业可以实现细化、量化的精细生产管理；借助流程，企业可以协调关系、规范行为。企业管理从管理者个人随心所欲的能人管理，逐渐过渡到了以目标为导向的流程管理。

流程可以分为内在流程和外在流程。

内在流程是指所有行为均由一人完成的活动。内在流程仅仅对行动的先后次序、数量、质量做出限定，以使个体的行为效率最大化，避免因组织不当而导致资源浪费、效益低。内在流程也可以说是工作流程，是各个岗位完成工作的程序，如新车展示流程。如果是对机器设备进行操作，则内在流程直接体现为操作规程，如洗车机的操作规程。

外在流程是在不同的岗位甚至不同的部门之间，为达成特定目标而串联起来的一系列活动。活动之间的衔接和配合是由不同的人承担的，上下游活动之间形成连接，而且下一个活动的承担者是上一个活动效果的评价者。

内在流程和外在流程没有本质上的区别。当活动的重复次数达到一定程度时，为了通过分工协作提升效益，内在流程往往会转化为外在流程。

流程也可以划分为核心业务流程、关键支撑性流程和操作性流程。

核心业务流程是价值实现过程中必不可少的流程，如市场或设计部门的总体工作流程等（见图15-4）。

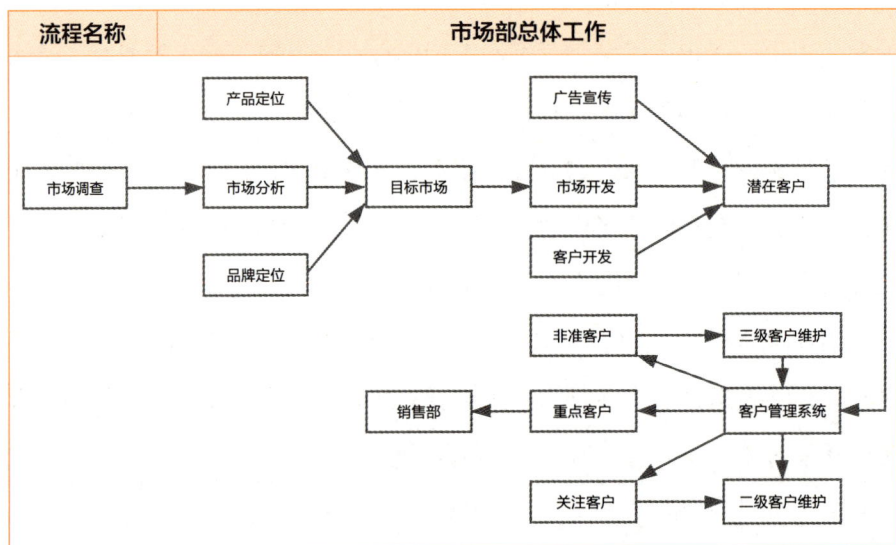

图15-4　市场部总体工作流程

关键支撑性流程是价值实现过程中起支撑作用的流程，如人力资源部门的招聘流程、财务部门的预算流程、市场部门的推广审批流程等（见图15-5）。

操作性流程是核心业务流程、关键支撑性流程中的具体环节或具体事务的处理流程，如入职流程、巡展审批流程等（见图15-6）。

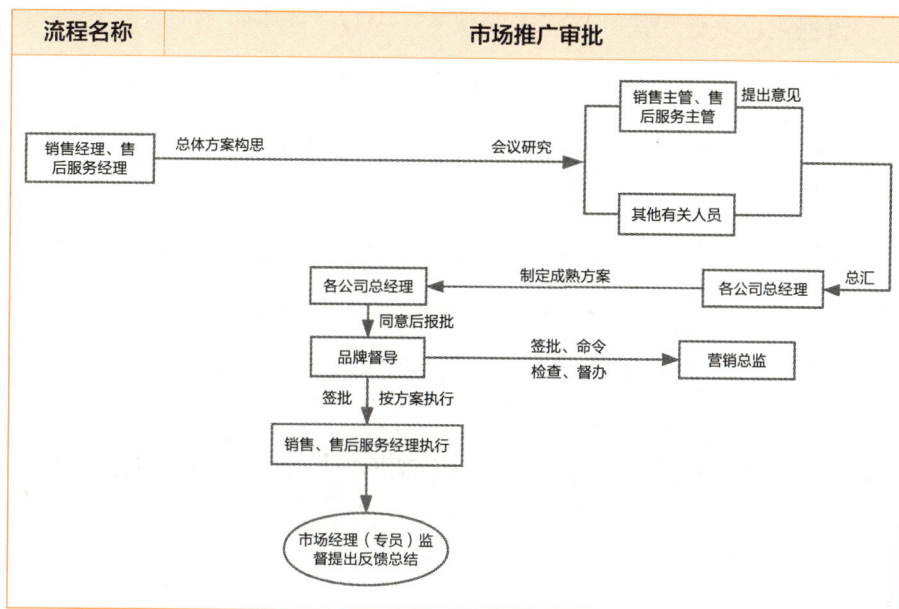

图 15-5　市场推广审批流程

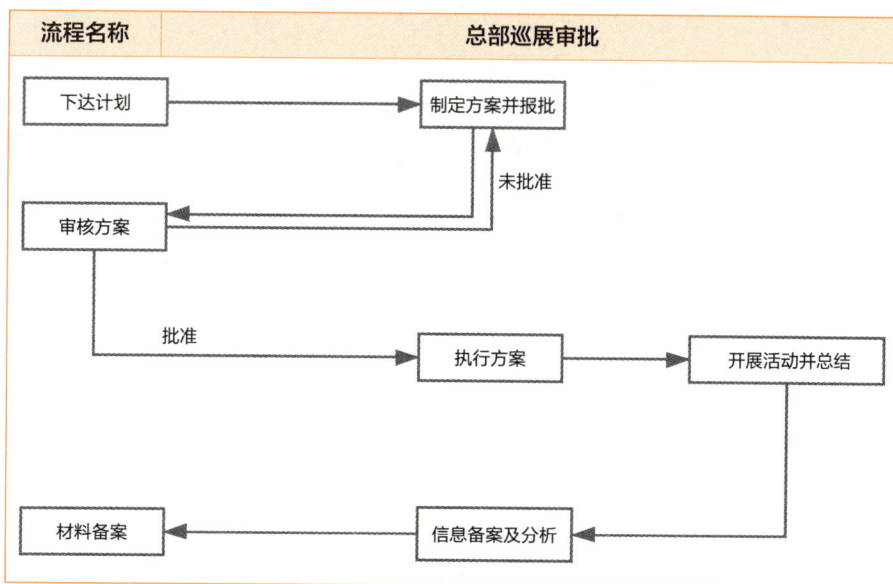

图 15-6　总部巡展审批流程

　　流程化可以把工作的完成方式从东干一点、西干一点变得井然有序。如果我们能把完成一件事情的过程整理为标准的工作流程，包括工作环节、步骤和程序，那么以后不管谁来做这件事情，都可以按照顺序和步骤来做。

　　例如，现在要组织一场会议，而公司有现成的会议组织流程（见图15-7），筹办这场会议的人就可以按照这个流程操作。不管是谁，只要按照这个流程去组织会议，都可以很好地完成任务，这就是流程化最大的好处。

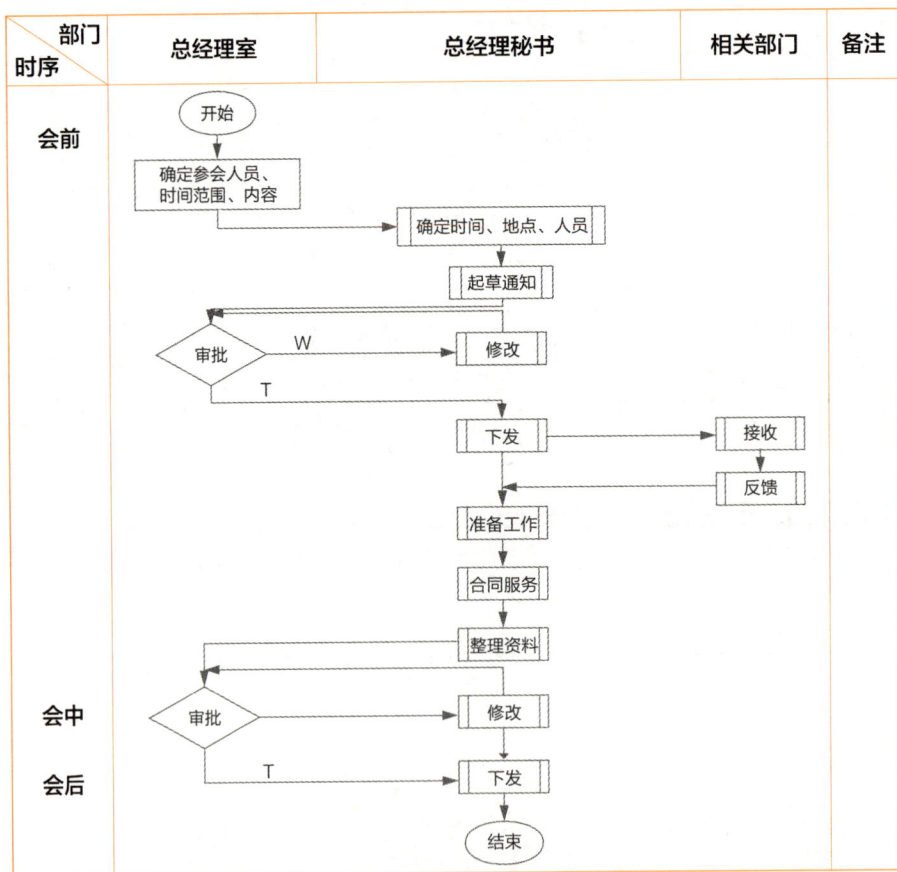

图 15-7　会议组织流程

标准化

制作一份重庆小面，按照流程可以分为选择面粉、制作面条、准备配料、做浇头、加工、调味等环节。假设开了很多家店，如何保证客人在任何一家店吃到的重庆小面都是一个味道？这个问题也是麦当劳提出的问题：如何保证在世界上任何一个地方吃到的麦当劳汉堡包都是一个味道？

制造业可以在生产环节实现统一，而快餐业因为地域、经营者差异，在不同门店之间实现高度统一存在诸多困难。麦当劳的标准化作业涵盖了从原材料生产到柜台提供产品的全过程。从土豆的种植到店面设计，从每一种产品的烹饪到团队管理，麦当劳通过标准化作业保持了各个工作环节的高度一致性。例如，牛肉原料必须使用精瘦肉，牛肉由 83% 的肩肉和 17% 的上等五花肉组成，脂肪含量不得超过 19%。绞碎后，一律制作成直径 98.5 毫米、厚 5.65 毫米、重 47.32 克的肉饼。再如，用来制作薯条的土豆必须经过三个星期的储藏，这样土豆中的糖分才会在加工的过程中更容易呈现金黄色。

回到刚才的那个问题：如何保证客人在任何一家店吃到的重庆小面都是一个味道？

答案当然也是标准化。按照传统的重庆小面的做法，准备配料、做浇头的工作量都很大，而且做法烦琐、耗时较久、清洗成本高。现在的做法是将这些步骤放在工厂完成，实现味道统一，从而大大简化作业环节。

通过标准化，汉堡包、重庆小面都可以保持味道统一。对秘书来说，标准化可以减少重复劳动，提高工作效率，降低错误率。

例如，秘书可以通过使用各种模板，快速地完成下列工作：

- 行程表；

- 财务报销；

- 工作总结；

- 消息回复；

- 每日提醒信息；

- 节日问候。

对于每个模块，我们可以建立做事的标准作业程序（Standard Operating Procedure，SOP），确定从哪里开始，先做什么、后做什么，每一步做到什么程度，产出应该是什么级别、什么类型的。我们可以把每一件事情的标准操作步骤和要求以统一的格式描述出来，用于指导和规范日常工作。

SOP 广泛应用于服务业。SOP 属于作业文件，是对相关操作步骤的细化、量化，是实实在在、具体的操作程序，不是理念上的东西，不需要操作者耗费太多的脑力。例如，便利蜂制定了 300 多个 SOP，把如何微笑、废弃过期商品、进出操作间的动作、蒸包子和玉米等都变成了 SOP。因此，当你走进任何一家便利蜂门店，都会有一种熟悉的感觉。这一切都是为了减少人的经验所产生的作用。当你只开了一家店的时候，人的经验将起到决定性的作用。当你开了成千上万家店时，一个很小的判断失误就会带来大麻烦。因此，只有通过 SOP 维持整个体系的精确性，才能确保顾客走进每一家店都可以放心地购买、食用店内食品，都能得到标准化的服务。

标准化的精髓是对细节进行量化，即对操作步骤中所有的关键控制点进行细化和量化。秘书也可以尝试着为工作的每一个模块制定 SOP，把手上的工作尽可能变成流水线式的、机械化的，最大限度地降低重新思考的成本。这样一来，我们就可以获得像《联想电脑公司会务手册》一样的标准作业规范（见图 15-8）。

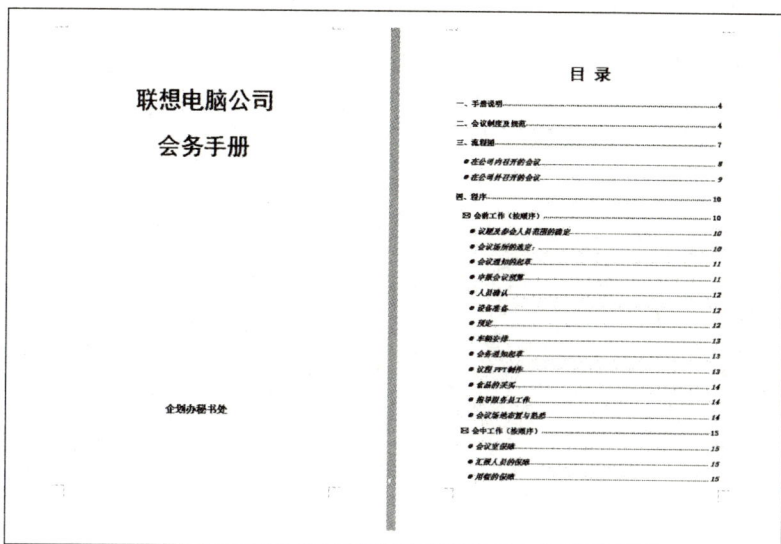

图 15-8 联想电脑公司会务手册

借助会议组织 SOP，我们可以得到以下收获：

- 减轻记忆压力，不再依靠某些人或某个人的记忆做事；
- 更快地完成某项任务，节省时间；
- 不用担心遗漏重要事项；
- 产出质量稳定，不会因个人因素产生太大的波动；
- 最大限度地降低经验对工作质量的影响；
- 其他人也可以快速上手，缩短培训时间；
- 工作的完成不再依赖于特定的个体或群体。

可能有人想问：所有的工作都标准化了，我会的别人也会，有没有我差别也不大，那我该怎么办？

如果你就此停滞不前、不再学习了，说实话，这确实会成为一个问题。但是，这个问题不是标准化造成的，而是你不再进步造成的，标准化只是加快了它发生的速度。我认为，如果淘汰是必然的，那么来得越早越好，至少30岁时我还有心气重整旗鼓，40岁时我可能真的要一蹶不振了。

如果标准化帮你节省了时间，而你用这些时间来持续进步，那么标准化带给你的要远远多于你失去的。

首先，你会获得更大的话语权。制定标准这件事标志着你跨入了更高的级别，从执行者变成了游戏规则的制定者。

其次，你获得了更大的威信。当更多的人受益于你制定的标准时，他们很可能会变成你的支持者和维护者。

最后，你会获得对其他方面的更大的话语权。人的本性就是这样，只要别人认可了你的一个方面，就更愿意接受你的其他方面。只要他们认可你在这件事情上的权威性，当处理其他事情时，他们也会征求并重视你的建议和意见。

当你获得了这些时，就要准备迎接下一个阶段的挑战了，还会害怕别人抢了你现在的位置吗？

其实，你应该感谢每一个使用这些标准的人，他们的每一次使用都在强化你的影响力。

清单化

秘书的工作非常忙碌，经常是一件事情接着一件事情，一波未平一波又起。有时候，客户、领导、其他部门的人员、项目组人员会扎堆来找秘书，提出一些问题或交代一些事情。如果没有随手记录的习惯，光靠脑袋硬记，很多事情很容易就被忘得一干二净。随手把工作记录在待办清单上的做法可以让秘书避免遗漏重要事项。

　　按照工作要求，秘书还可以列检查清单。例如，在软件开发测试阶段，可以针对不同的业务需求，列出关键逻辑检查清单；系统开发完成投产后，可以列出投产检查清单，避免遗漏某些步骤或关键点。

　　清单化就是在做事情的时候，把各种各样琐碎的、有逻辑关系或毫无逻辑关系的单点列成清单。做事的时候，完成一项划掉一项，这样可以保证无一遗漏。

　　本书第 3 章到第 14 章的章末提供了秘书工作的常用清单，大家可以借助这些清单快速自检或检查别人的工作。这种方法非常高效，而且不容易遗漏细节。

　　例如，在策划一场会议时，我们可以按照会议策划清单进行检查（见表 15-1 ）。

表 15-1　会议策划清单

你有没有……	有	没有	备注
1. 确定会议的目的?			
2. 确定会议的目标?			
3. 确定与会者并给他们每个人分配一项任务?			
4. 确定决策方法（领导决策、多数同意或全体一致）			
5. 确定时间和地点，并确保会场未被占用?			
6. 确定会议所需的设备是否齐全?			
7. 通知与会者会议的时间和地点?			
8. 制定一个初步的议程表?			
9. 把这个初步的议程表分发给重要的与会者和其他利益相关者，以便提前了解一下他们对会议的看法?			
10. 确定会议的议程表，并把它分发给每一个与会者?			
11. 把需要准备的报告或议题分发给与会者?			
12. 核实所有的关键人物都将出席会议?			
13. 做好准备工作（稿子、费用等）?			

将工作清单化有不少好处：

- 手上任务一目了然，哪些是重要的，哪些是紧急的，看一眼就心中有数，避免了延期不办或遗忘的情况；

- 不需要别人通知，自己就可以主动地开展工作；

- 有利于未来检查，写工作总结时可以信手拈来，不用再搜肠刮肚地找材料；

- 清单化其实相当于细化，如果能把一项工作细化分解，就有可能把一件难事变成几件易事，然后逐件突破。

可视化

秘书常常会遇到这样的困难：好不容易把标准做出来了，想落实下去却很难。

标准能不能落实下去，能落实到什么程度，在很多时候取决于你能不能把标准用最简单、最清晰的方式表达出来。

这时，我们需要引入可视化管理。简单地说，可视化管理就是一套"眼睛看得懂"且"无需经过大脑思考"的管理方法。例如，在大街上，所有的人只要观察路口的红绿灯，不需要交通警察指挥，也可以有序地行走和驾驶，红绿灯系统就是一种建立在简单规则基础上的视觉管理系统。

在职场这种环境中，我们也需要建立高效而简单的视觉管理体系，我们称其为可视化管理。可视化管理的目标是，任何员工都可以知道某一流程是否正在按计划运行，遇到任何意外状况都能在第一时间报告或采取措施。例如，车间的可视化管理就是将各个生产环节的标准生产流程、操作步骤、详细要求做成挂图、文字、表格和卡片等，悬挂在各个生产车间，让每位员工明确每项操作应该如何进行，明白如何正确操作并养成良好的习惯。

举个会议室的例子，我们可以制作醒目的标识，提醒同事把用完的笔归位，把会议室恢复原状。

一图胜千字，一张清晰、直观、易懂的图片的实际效用，可能远远超过 200 字的规章制度或 20 次会议（见图 15-9、图 15-10 和图 15-11）。

图 15-9　可视化管理示例 1

图 15-10　可视化管理示例 2

图 15-11　可视化管理示例 3

3. 善假于人

如果你善假于物，就可以更快、更好地完成工作，实现事半功倍。同样的道理，如果你善于借助别人的力量，就可以快速地达成工作目标，实现双赢甚至多赢。

还记得德鲁克的那句话吗？你不必喜欢、崇拜或憎恨你的领导，但你必须管理他，让他为你的成效、成果和成功提供资源。有诗云："好风凭借力，送我上青云。"适当借助领导的力量，秘书也可以站到高处。

没有人是完美的，我们身边的每个人都有自己的优点和缺点，但我们可以尽可能地借用别人的优点和缺点。例如，你让一个非常刻板、不知变通的人做出纳，结果会怎么样？你让一个满嘴跑火车、一天到晚就知道吹牛的人做销售，结果又会怎么样？有人说，垃圾是放错了地方的宝贝，缺点是没有找到使用场景的优点。既用人优点，也用人缺点，才是用人的上乘之道。资源不分高低贵贱，都是我们借力的对象。

不管是公司的高管、普通同事，还是保洁人员、前台、司机，都可以成为你的职场能量源。只要你一视同仁，以善意待人，别人也一定会以善意回报你。

当你出现疏漏的时候，别人友善地提醒你；当你犯了错误的时候，别人耐心地帮你纠正；当你做错事的时候，别人愿意原谅和理解你。谁不想在这样一个充满正能量的环境中工作呢？

只有建立和维持健康积极的人际关系，你才能获得这些能量。

第 16 章

成为"千手观音"一样的秘书：工具

本章思维导图

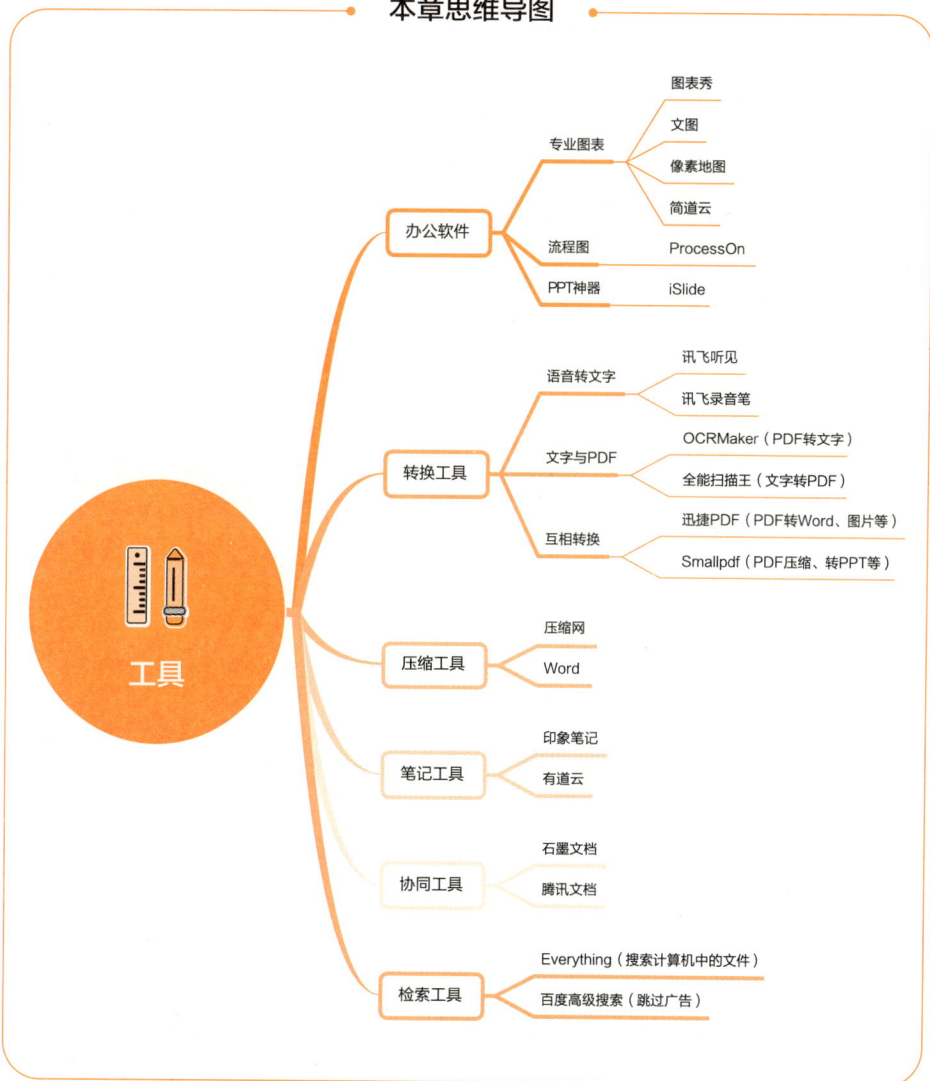

- 工具
  - 办公软件
    - 专业图表
      - 图表秀
      - 文图
      - 像素地图
      - 简道云
    - 流程图
      - ProcessOn
    - PPT神器
      - iSlide
  - 转换工具
    - 语音转文字
      - 讯飞听见
      - 讯飞录音笔
    - 文字与PDF
      - OCRMaker（PDF转文字）
      - 全能扫描王（文字转PDF）
    - 互相转换
      - 迅捷PDF（PDF转Word、图片等）
      - Smallpdf（PDF压缩、转PPT等）
  - 压缩工具
    - 压缩网
    - Word
  - 笔记工具
    - 印象笔记
    - 有道云
  - 协同工具
    - 石墨文档
    - 腾讯文档
  - 检索工具
    - Everything（搜索计算机中的文件）
    - 百度高级搜索（跳过广告）

工欲善其事，必先利其器。身为秘书，要想在堆成小山一样的工作面前游刃有余，就要使用一些辅助工具。根据使用频率，我将常用工具分为六大类，并针对每一类介绍了几种非常好用的工具。相信有了这些工具的帮助，你再也不用发愁工作太多了。

1. 办公软件

用 Excel 做高级图表非常麻烦，不过，借助合适的工具，我们可以快速完成具备交互特性的高级图表。不管是玫瑰图、弦图、气泡图，还是流程图、甘特图，都可以轻松地制作出来。

图表秀

图表秀是简单好用的在线图表制作网站，它可以帮助用户快速制作各种传统图表和高级的可视化图表，支持个性化定制数据分析报告、动态播放及社会化分享。

图表秀还提供各行业数据分析报告模板、精美的排版样式，用户可以直接套用（见图 16-1 和图 16-2）。

文图

和图表秀一样，借助文图制作专业图表非常轻松，只需要两步：第一步，根据个人喜好选择合适的模板；第二步，编辑数据，在表格中录入、编辑数据，图表就能随着数据自动变化。

文图提供了各种各样的模板及丰富的配色方案。我们可以根据文档的类型、内容、风格选择合适的模板及配色，在最短的时间内制作出精美的图表（见图 16-3）。

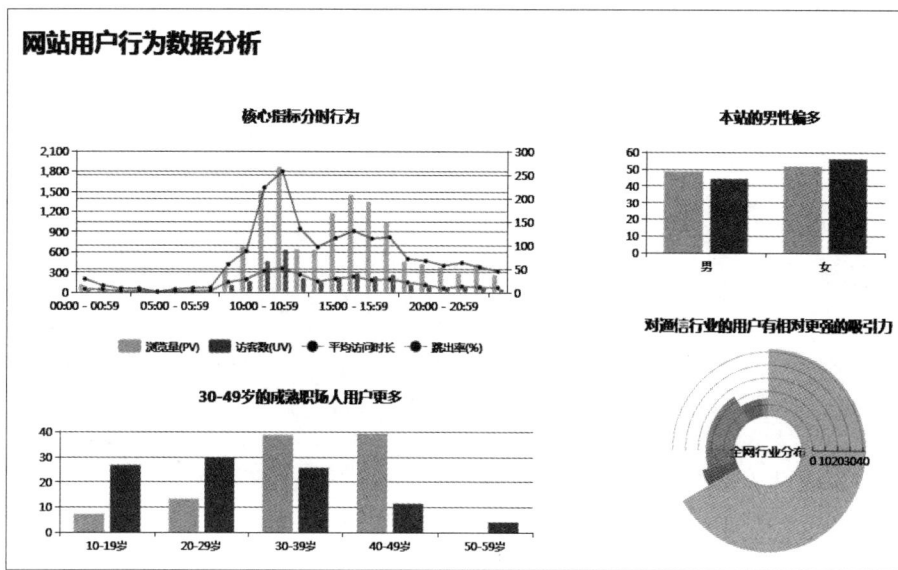

图 16-1　图表秀模板 1

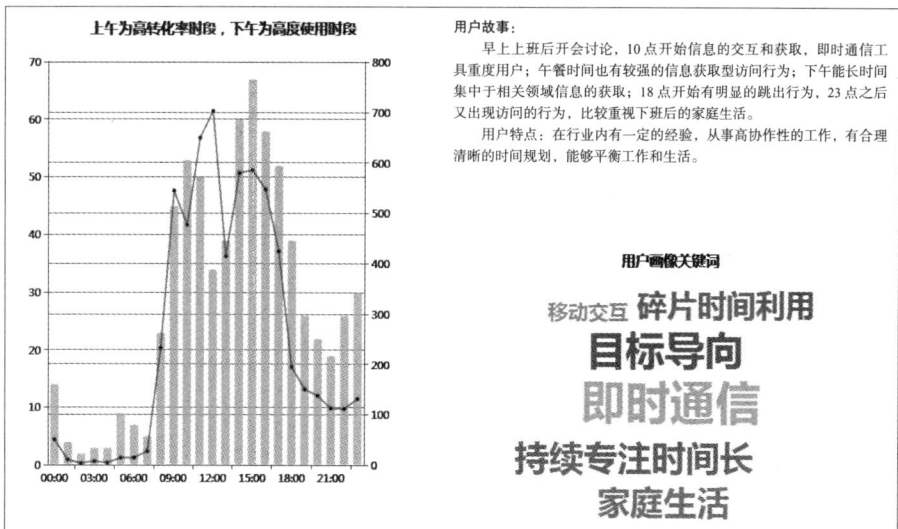

图 16-2　图表秀模板 2

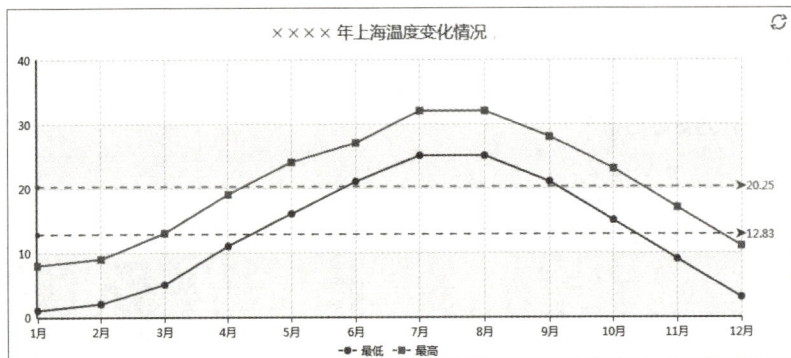

图 16-3　文图模板

像素地图

像素地图可以帮助用户制作各种涉及地图的图表，使用起来非常方便。用户可以更改每个地区的颜色、标注数值等。制作完成后，还可以方便地导出图表。

简道云

在我看来，简道云是办公时必不可少的进度管理工作，它支持表单制作、数据搜集与分析等。

我最喜欢用它制作甘特图。甘特图又叫横道图，这种图可以通过活动列表和时间刻度形象地展示特定项目的各项活动的顺序与持续时间，可以直观地表明任务计划在什么时候进行，以及实际进度与计划的对比。甘特图可以帮助我们明确项目的剩余任务，评估工作进度。

简道云提供了丰富的仪表盘类型供用户选择（见图 16-4），仪表盘可以展示各类预定场景的数据，如会议室预约情况、课程预约情况等。用户可以在设置中自由缩放等级，调整数据标签、图例及颜色等，使各项比例更加精准、图表更加美观。

图 16-4　仪表盘图表类型

ProcessOn

ProcessOn 是一款功能强大的，可供用户在线作图、实时协作的工具。它支持流程图、用户界面原型图、网络拓扑图、组织结构图、韦恩图等结构类型（见图 16-5 和图 16-6）。

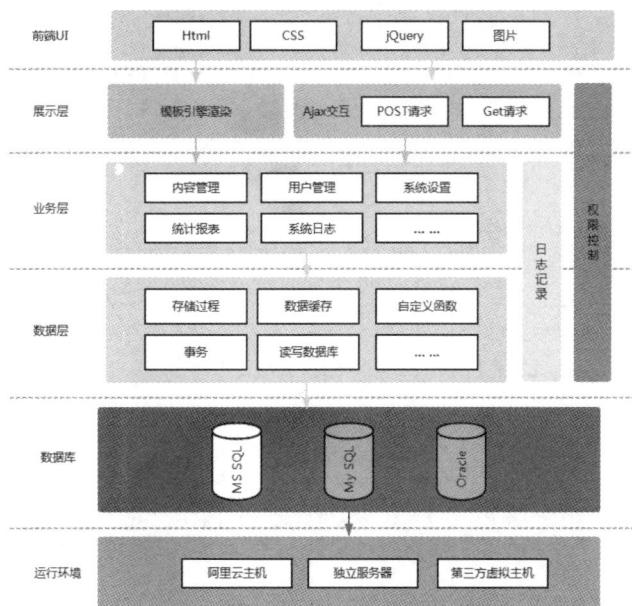

图 16-5　用 ProcessOn 制作的结构图

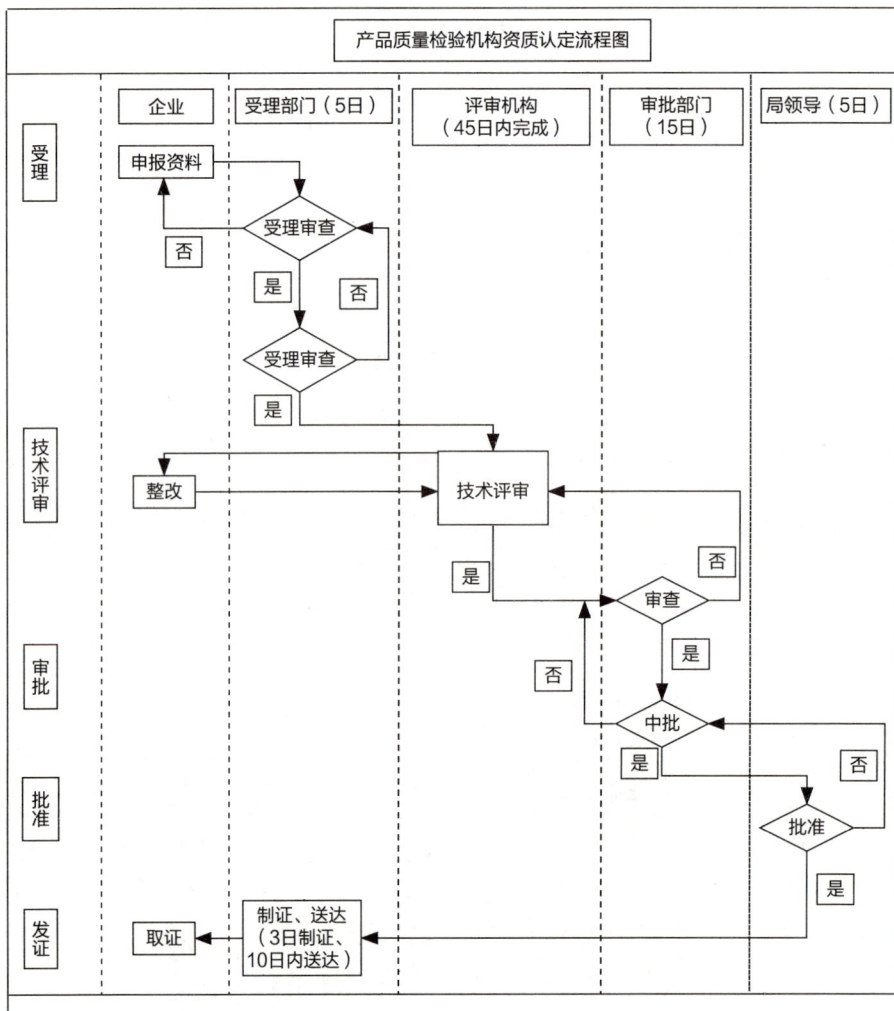

图 16-6　用 ProcessOn 制作的流程图

iSlide

iSlice 堪称 PPT 神器，如果你经常制作 PPT，那么你肯定至少听说过它。

iSlide 是一款 PPT 插件，集成了各种模板、智能图表、图标，还提供一键优化排版等功能（见图 16-7 和图 16-8）。有了它，你做 PPT 时只需要将精力集中于内容，设置样式之类的工作可以全部交给它。

iSlide 内置超过 30 万个 PPT 模板，其中很多模板的配色参考了世界 500 强企业的 PPT 模板。用户可以在色彩库中浏览它们并将其一键应用于当前的 PPT 文档，即便不懂设计，也能让 PPT 呈现专业效果。

图 16-7　iSlide 官方网站 1

图 16-8　iSlide 官方网站 2

2. 转换工具

因为各种各样的需求，秘书经常需要对各类文档、文件进行格式转换。例如，整理会议纪要时，需要把语音转换为文字；发送扫描件时，需要把纸质材料转换成 PDF 文档。只要借助转换工具，就可以轻松地完成这些工作。

语音转文字

语音转文字首选讯飞听见和讯飞录音笔。

讯飞听见的识别比较准确，准确率最高可达 97.5% 以上。整段录音全自动机器转写，1 小时音频最快 5 分钟出稿（见图 16-9）。讯飞听见智能云已通过"可信云"评估，录音文本全程加密处理，安全可靠。

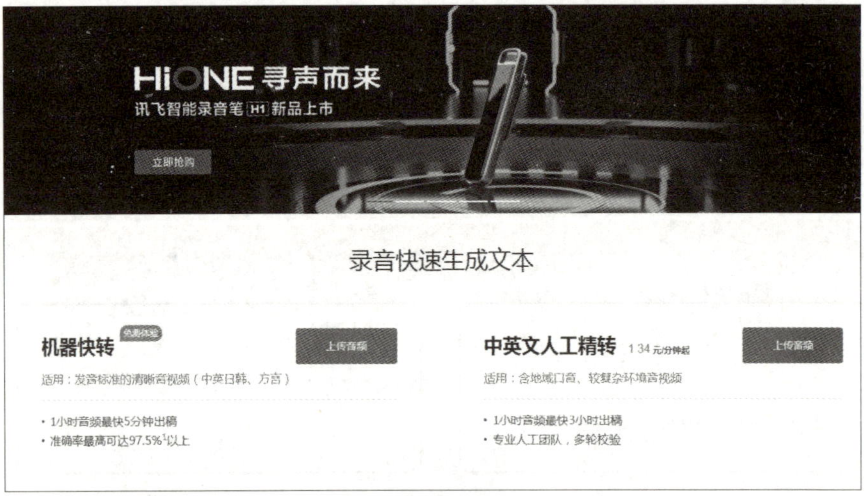

图 16-9　讯飞听见

不管是用会议录音整理会议纪要，给在线课程配字幕，还是整理采访调研录音的文字稿，用讯飞听见都可以快速完成。

如果语音转文字的需求比较多，而且公司有充足的预算，也可以考虑使用讯飞录音笔。

讯飞录音笔使用起来很方便，录音转文字十分快捷，其收音效果、转换正确率都是同类产品中拔尖的（见图 16-10）。而且，讯飞录音笔个头小，携带非常方便。

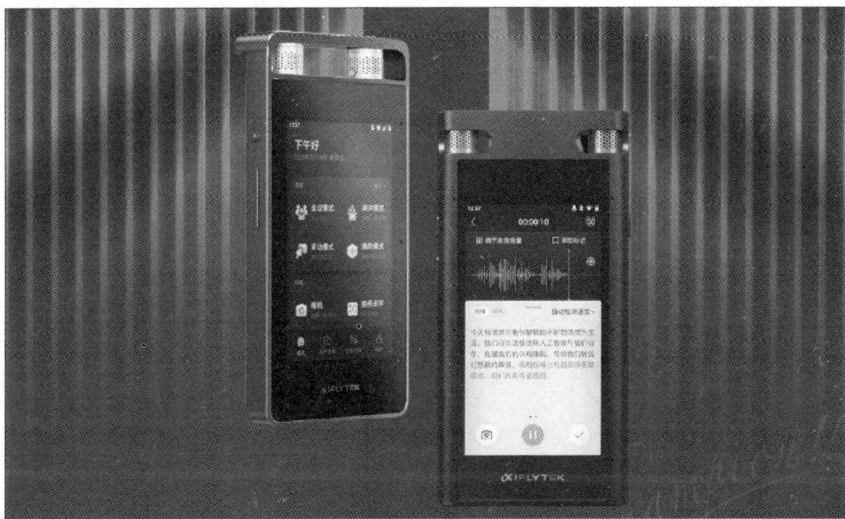

图 16-10　讯飞录音笔

OCRMaker

秘书在查阅扫描版 PDF 时经常需要使用光学字符识别（Optical Character Recognition，OCR）软件，其功能是将文本文档的扫描图像转换为可编辑文档。

OCR 软件有很多，我个人非常喜欢使用 OCRMaker（见图 16-11），它支持多种语言，包括中文、英语、法语、德语、阿拉伯语、希腊语、日语、韩语、葡萄牙语、俄语、西班牙语等。

图 16-11　OCRMaker

全能扫描王

在需要把纸质文件扫描成 PDF 文档的时候，我首先想到的就是全能扫描王。

全能扫描王的使用方法很简单，直接拍摄纸质文档，它就可以自动去除杂乱背景，生成清晰的扫描件。用扫描全能王扫描出来的文档清晰度高，它还可以识别照片中的文字并生成文本文档（见图 16-12）。

全能扫描王支持 PDF、Word、Excel、PPT、图片等多种文档格式的自由转换（见图 16-13），还支持自由编辑 PDF 文档中的文字，无愧于"全能"这两个字。

图 16-12　扫描全能王

图 16-13　扫描全能王支持各种格式转换

迅捷 PDF 转换器

迅捷 PDF 转换器是一款强大的格式转换工具，支持 PDF 与 Word、Excel、PPT、TXT、图片等格式之间的相互转换（见图 16-14 和图 16-15）。用户只需要进行简单的拖拽操作就能完成格式转换。建议使用批量转换功能，该功能非常节省时间。

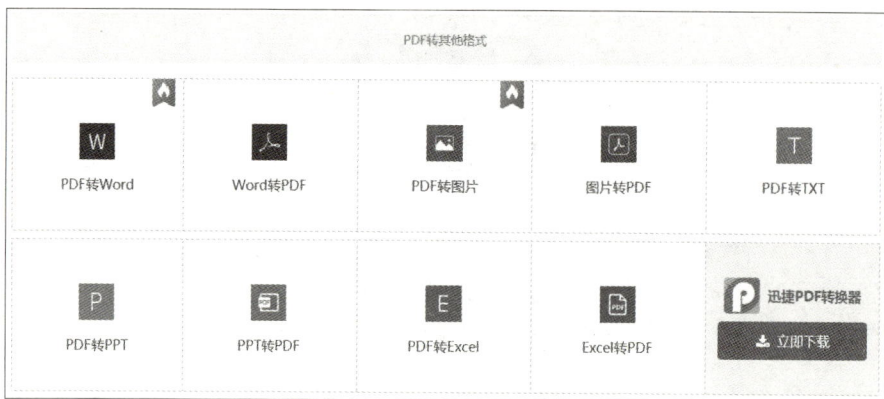

图 16-14　迅捷 PDF 转换器功能 1

图 16-15　迅捷 PDF 转换器功能 2

Smallpdf

Smallpdf 不是一个应用程序，而是一个网站。它提供在线压缩、格式转换、分割、合并、编辑等功能（见图 16-16 和图 16-17）。秘书可以把图片、文字材料和图表整合到 PDF 文档中，然后用 Smallpdf 进行压缩，最后把压缩后的文档发给领导和同事。

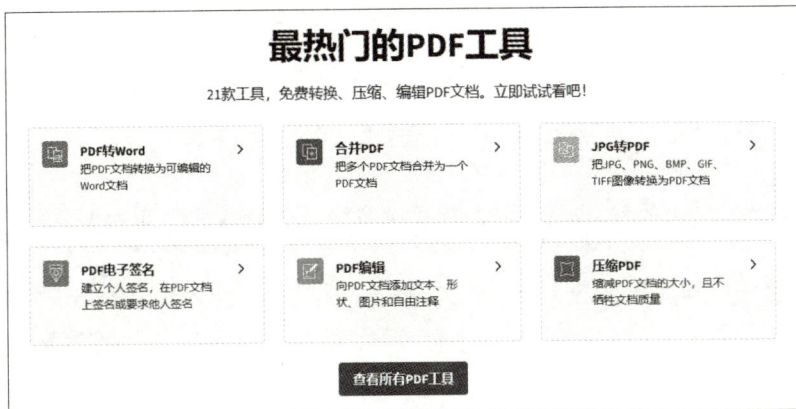

图 16-16　Smallpdf 网站 1

图 16-17　Smallpdf 网站 2

3. 压缩工具

压缩图

有时候，直接用微信或 QQ 发图片，图片会被压缩，导致图片看不清楚。在这种情况下，就要考虑事先进行图片压缩，而且不能把图片压缩得太模糊。

压缩图是一款优秀的图片压缩工具（见图 16-18），我自己经常使用，相信它可以满足绝大部分的图片压缩需求。

图 16-18　压缩图

Word

其实，Word 内置了图片压缩功能，在没有时间下载、安装其他压缩工具的情况下，我们也可以使用 Word 压缩图片。

具体的操作方法是：打开要压缩的 Word 文档，在"文件"菜单中选择"另存为"选项，弹出"另存为"对话框，在下方的"工具"下拉菜单中选择"压缩图片"选项，弹出"压缩图片"对话框，根据需要设置相关的压缩选项，单击"确定"按钮，返回"另存为"对话框，完成文档保存操作，压缩就完成了。

4. 笔记工具

平时工作中收集的素材和暂时用不上的资料应该放在哪呢？我建议大家试试有道云笔记或印象笔记。

有道云笔记

有道云笔记支持文字、图片、语音、手写、OCR、Markdown 等多种格式和功能，用户可以随时随地记录各种信息（见图 16-19）。

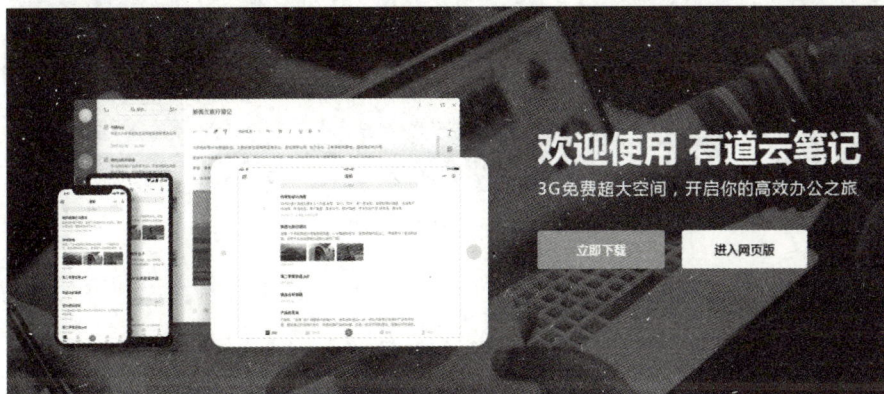

图 16-19　有道云笔记

它还支持微信、微博、链接收藏和网页剪报等多种收藏形式，用户看见优秀的内容时可以一键保存，搭建属于自己的知识体系。

它支持 PC、iPhone、Android、Web、iPad、Mac、Wap 等各类设备和访问方式。它支持多端同步、随时查看，重要资料可以加密保存，用户在任何情况下都能轻松查阅自己的资料。

用户可以用它把资料一键分享到微信、QQ、微博等平台。它还支持团队协作修改，能让协同工作变得更高效。

印象笔记

印象笔记的功能与有道云笔记非常相似，它的模板非常丰富，这是它的一大特色（见图 16-20）。

图 16-20　印象笔记模板

秘书的工作比较多，时间长了容易忘记事情。用印象笔记做笔记不需要时不时进行保存操作，因为它可以自动保存。

印象笔记中的笔记可以分成不同的笔记本组。它的工具栏提供了丰富的工具，我最喜欢使用复选框做待办事项列表。用印象笔记把自己的笔记分享给同事或邀请别人一起编辑也十分方便。

5. 协同工具

在线协同办公已经受到了越来越多的企业和行业的认可，逐渐变得流行起来。比较常用的协同工具有石墨文档、腾讯文档等。

石墨文档

石墨文档是一款在线文档协作工具，不管你在什么地方，只要通过链接分享文档，就可以让其他人参与文档的编辑和评论，轻松完成协作撰稿、方案讨论、会议记录和资料共享等工作。

石墨文档相当于在线 Office 套件（见图 16-21），界面很简单，用户可以在线编辑文档、表格、幻灯片等。正在编辑的文件随时自动保存，用户不用担心自己编辑的内容丢失。

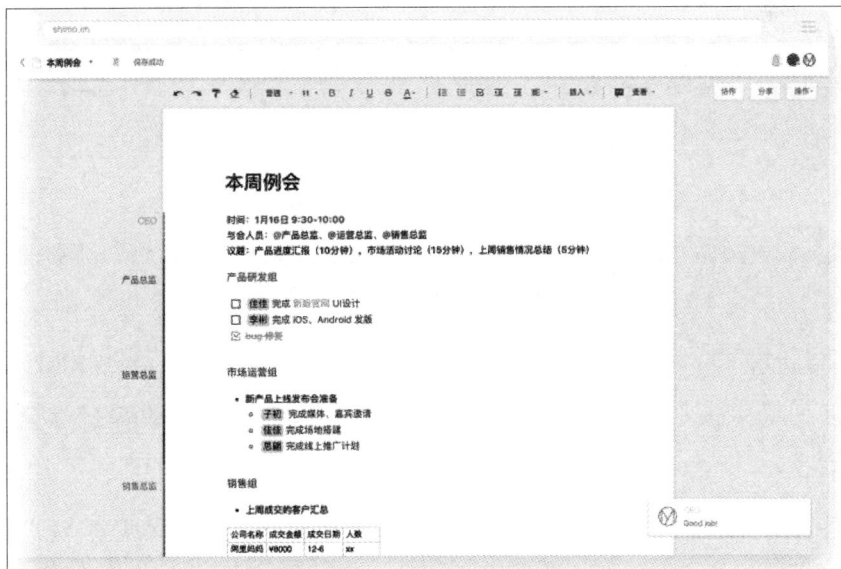

图 16-21　石墨文档编辑界面

编辑完毕的文件可以一键导出为 PDF、Word、图片等各种格式，这大大简化了从创作到提交的流程。石墨文档能够满足普通工作和团队的实时协作需求。

石墨文档可以用于召开团队会议，制定和回顾本周工作任务，梳理目标和工作进度（见图 16-22）。用户可以通过 @ 功能提及需要支持的同事，以便在会后跟踪各项行动。团队目标和关键事件都能被有机地联系起来，并以文档的形式呈现出来。

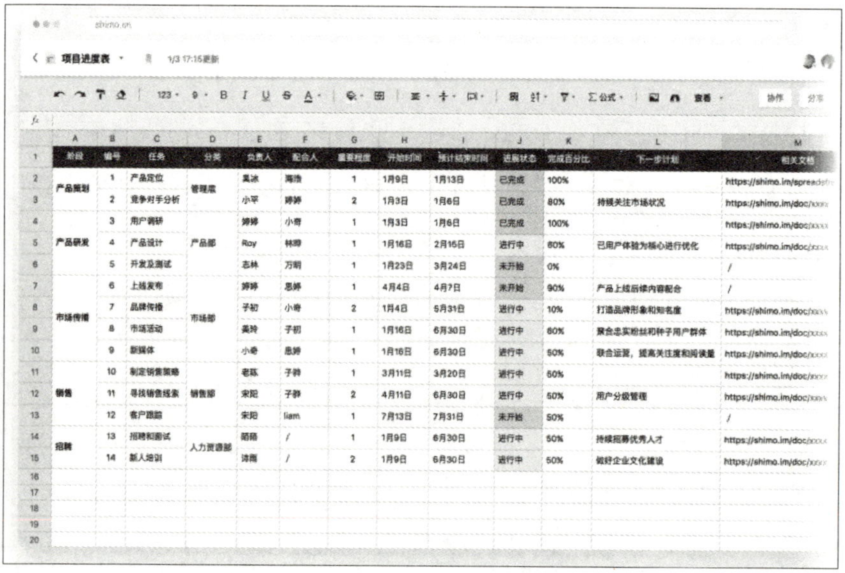

项目进度表　1/3 17:15更新

阶段	编号	任务	分类	负责人	配合人	重要程度	开始时间	预计结束时间	进展状态	完成百分比	下一步计划	相关文档
产品策划	1	产品定位	管理层	吴冰	海浩	1	1月9日	1月13日	已完成	100%		https://shimo.im/spreads
	2	竞争对手分析		小平	婷婷	2	1月3日	1月6日	已完成	80%	持续关注市场状况	https://shimo.im/doc/xxxx
产品研发	3	用户调研	产品部	婷婷	小脊	1	1月3日	1月6日	已完成	100%		https://shimo.im/doc/xxxx
	4	产品设计		Roy	林婷	1	1月16日	2月16日	进行中	60%	已用户体验为核心进行优化	https://shimo.im/doc/xxxx
	5	开发及测试		志林	万明	1	1月23日	3月24日	未开始	0%		/
市场传播	6	上线发布	市场部	婷婷	思婷	1	4月4日	4月7日	未开始	90%	产品上线后续内容配合	/
	7	品牌传播		子初	小脊	2	1月4日	5月31日	进行中	10%	打造品牌形象和知名度	https://shimo.im/doc/xxxx
	8	市场活动		美玲	子初	1	1月16日	6月30日	进行中	60%	聚合忠实粉丝和种子用户群体	https://shimo.im/doc/xxxx
	9	新媒体		小奇	思婷	1	1月16日	6月30日	进行中	50%	联合运营，提高关注度和阅读量	https://shimo.im/doc/xxxx
销售	10	制定销售策略	销售部	老陈	子琳	1	3月11日	3月20日	进行中	50%		https://shimo.im/doc/xxxx
	11	寻找销售线索		宋阳	子琳	2	4月11日	6月30日	进行中	50%	用户分级管理	https://shimo.im/doc/xxxx
	12	客户跟踪		宋阳	liam	1	7月13日	7月31日	未开始	50%		/
招聘	13	招聘和面试	人力资源部	萌萌	/	1	1月9日	6月30日	进行中	50%	持续招募优秀人才	https://shimo.im/doc/xxxx
	14	新人培训		诗雨	/	2	1月9日	6月30日	进行中	50%	做好企业文化建设	https://shimo.im/doc/xxxx

图 16-22　石墨文档可用于项目跟踪

石墨文档可以用于推进项目，实时跟踪项目进展。用户可以创建实时更新的项目进度表，将相关文档的链接附在表格中，便于团队成员查看、更新。

石墨文档支持移动办公，用户可以在任何时间、地点保持同步，不管是在出差，还是在上下班途中，都能查看、编辑、共享和讨论工作文档，就像坐在办公室里一样。

腾讯文档

腾讯文档的功能与石墨笔记差不多。它也可以供多人同时使用，例如，在会议中你负责做记录，其他同事可以看到你记录的内容，也可以直接修改（见图 16-23）。

图 16-23　用腾讯文档编写会议纪要

腾讯文档支持多人同时在线编辑表格，而且可以显示出谁在编辑哪些内容（见图 16-24）。

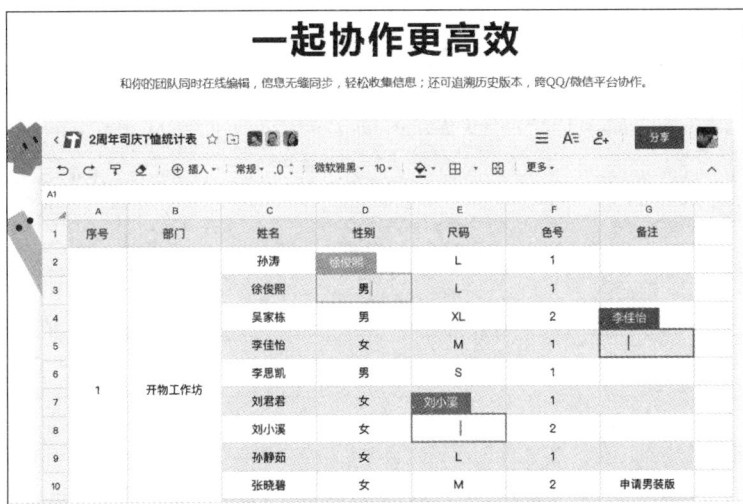

图 16-24　用腾讯文档编辑表格

6. 检索工具

Everyting

Everything 是一款强大的文件检索工具（见图 16-25）。自问世以来，因为占用内存少、搜索速度快，它获得了全世界众多 Windows 用户的追捧，也是真正的职场必备利器。

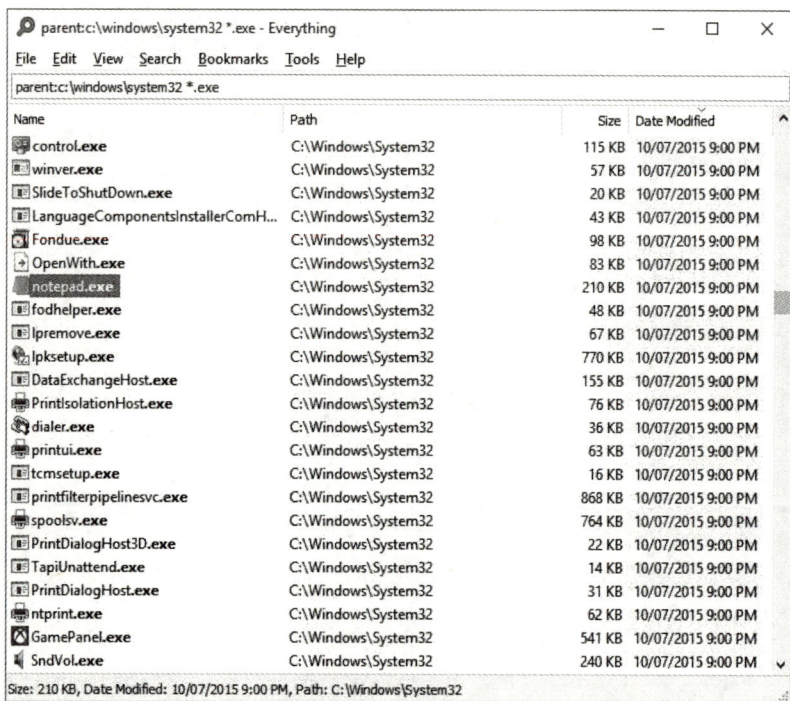

图 16-25　Everything

Everything 可以快速搜索出计算机中的任何文件，搜索结果随输入的关键词实时更新，其搜索速度比 Windows 资源管理器内置的搜索功能的速度快得多。

百度高级搜索

现在，搜索引擎中的营销推广内容越来越多，经常翻了好几页搜索结果还是有大量的广告。其实，搜索引擎诞生了这么多年，已经积累了海量的资料，只不过很多有用的信息都被排在了广告之后。以百度为例，如果直接用高级搜索功能（见图 16-26），就可以跳过广告直接看“干货”了。

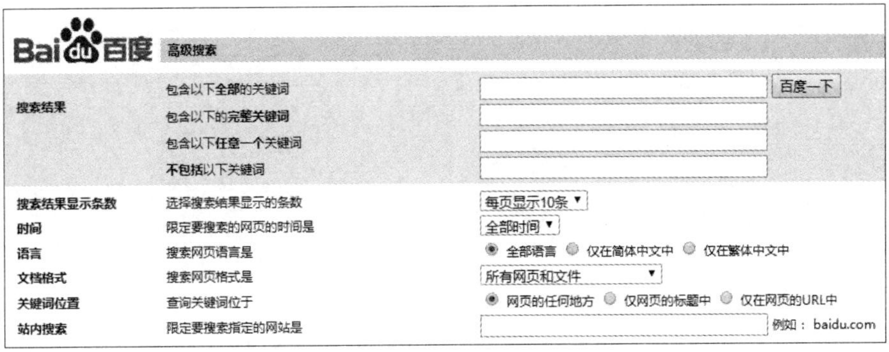

图 16-26　百度高级搜索

秘书的工作虽然看起来很多很杂，但如果有一套科学的做事思路和方法，那么做秘书其实也可以很轻松。

借助工具、模板及科学的方法和管理思想，我们可以登高而招、顺风而呼，可以借马之力而致千里，借舟之力而绝江河。借助他人的力量，我们可以一呼百应，成一人所不能成之事，达万人始能达之极。

流程化也好，标准化也罢，都不是我们的最终目标。

有一句广告语是这么说的：“追求卓越，永无止境。”我想，这才是我们的目标——苟日新，日日新，又日新。